FRECUENCIAS

Español comunicativo para el siglo XXI

Libro del estudiante

Nivel

A2

Equipo **Frecuencias**

Edi numen

ISBN - Libro del estudiante: 978-84-9179-054-9
Depósito legal: M-12623-2020

Impreso en España
Printed in Spain
0322

1.ª impresión: 2020
1.ª reimpresión: 2022

Coordinación pedagógica:
M.ª José Gelabert

Coordinación editorial:
Amelia Guerrero y Mar Menéndez

Maquetación:
Juanjo López, Sara Serrano y Elena Lázaro

Diseño de portada y maqueta:
Juanjo López

Estudio de grabación:
Producciones Activawords

Impresión:
Gráficas Glodami. Madrid

Vídeos:
Serie *Hostal Babel*, creada y producida por Edinumen

Créditos fotográficos en pág. 206

Editorial Edinumen
José Celestino Mutis, 4. 28028 Madrid. España
Teléfono: (34) 91 308 51 42
Correo electrónico: edinumen@edinumen.es
www.edinumen.es

¡En Edinumen nos apasiona el español!

Desde nuestros inicios hace ya más de 30 años, nuestro objetivo ha sido siempre mejorar la experiencia del aprendizaje de español en todo el mundo. Nos enorgullece decir que el cien por cien de nuestros recursos están dedicados exclusivamente a la enseñanza y aprendizaje de español como lengua extranjera y segunda lengua.

Durante todos estos años, hemos tenido el enorme privilegio de trabajar al lado de entusiastas profesionales del español que viven y desarrollan su labor en multitud de países y, por lo tanto, representan realidades diferentes. Así, hemos constatado los cambios que se han ido produciendo y hemos afrontado juntos nuevos retos para lograr el objetivo que compartimos: que los estudiantes que deciden aprender español sean capaces de disfrutar también de un apasionante universo sociocultural y lingüístico tan completo como enriquecedor.

Este reto es hoy especialmente emocionante. Gracias al desarrollo de las nuevas tecnologías, la interacción entre culturas y personas interconectadas desde todos los lugares del mundo es permanente y se produce a un ritmo inimaginable hasta ahora. Los hablantes de español del siglo XXI son interlocutores en un universo compuesto por realidades lingüísticas y culturales muy diversas que se nutren entre sí.

En los últimos años ha habido un intento justificado de integrar en los materiales didácticos muestras de lengua que se asemejen lo más posible a los modelos reales. En este sentido, **Frecuencias** incorpora, por primera vez en un manual de ELE, una extensa muestra de ejemplos extraídos de las bases de datos o corpus[*] que, siempre al hilo de los contenidos tratados, ilustran variantes de carácter léxico, gramatical o comunicativo con el fin de acercar al estudiante a las diferentes realidades sociolingüísticas hispánicas.

Además, **Frecuencias** se ha desarrollado metodológicamente en dos ejes: el aprendizaje por contenidos y la resolución de tareas que permiten al estudiante poner en práctica los conocimientos adquiridos anteriormente, lo que favorece un aprendizaje activo y eficaz.

Por último, queremos destacar la colaboración entre **Edinumen**, especialistas en ELE, y la **Real Academia Española (RAE)** en la génesis del proyecto, así como el asesoramiento de la RAE en el uso de los corpus y su revisión final del presente trabajo. Sin su ayuda y apoyo este manual no podría haber visto la luz.

Estamos muy ilusionados de presentar este nuevo manual de ELE, que da respuesta a las necesidades de estudiantes y docentes para un aprendizaje real en el siglo XXI.

[*] Colección de textos de todos los países hispanohablantes en formato electrónico, con varios millones de palabras, que la Real Academia Española (RAE) ha codificado y clasificado y que permiten la búsqueda a través de formas, lemas, categorías gramaticales, zonas geográficas, etc.

Edinumen
Especialistas en ELE

FRECUENCIAS

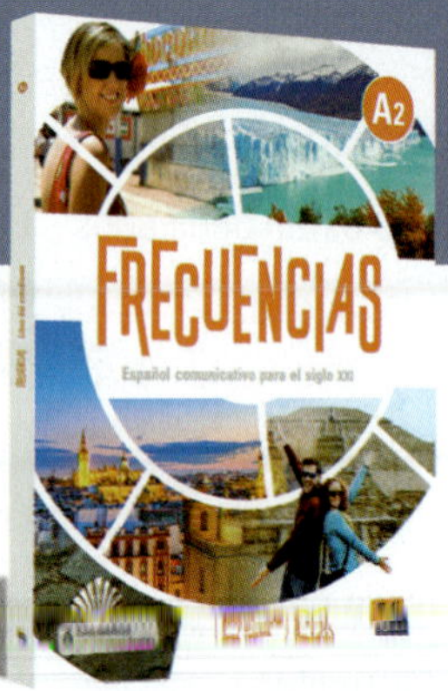

Frecuencias es el nuevo curso de español que da respuesta a las necesidades de estudiantes y docentes para un aprendizaje real en el siglo XXI.

Frecuencias sigue las recomendaciones del *Marco común europeo de referencia para las lenguas (MCER)* y su sílabo se ha elaborado a partir del *Plan curricular del Instituto Cervantes*.

El curso favorece un aprendizaje **activo**, de manera que el conocimiento de la lengua es **real**, **significativo y adaptado** a las **necesidades** del estudiante.

Una propuesta metodológica eficaz

Frecuencias combina el **aprendizaje por contenidos** con la **resolución**, en una fase posterior, de **tareas** en las que el estudiante tiene que poner en funcionamiento los conocimientos adquiridos previamente. Esta combinación facilita el aprendizaje, ya que los contenidos se van presentando **de manera progresiva** a lo largo de los apartados, de modo que el estudiante, al enfrentarse a las tareas, ha adquirido ya todas las herramientas que necesita para resolverlas con éxito.

Las actividades que se presentan son **significativas social y emocionalmente**, conectan con el estudiante y lo involucran en su aprendizaje. Estas actividades aumentan la **motivación** y favorecen la asimilación de lo aprendido.

La incorporación de los corpus de la RAE: CORPES XXI y CREA

Frecuencias incluye una extensa muestra de **ejemplos reales** extraídos de los corpus de la RAE para mostrar usos auténticos de lengua, con **variantes** que ejemplifican la riqueza lingüística del mundo hispánico, algunas **frecuencias** de uso y **combinatoria** de palabras, así como fenómenos de carácter **gramatical o comunicativo**.

Las muestras se destacan claramente en el manual a través de cuadros estratégicamente colocados junto a los contenidos a los que hacen referencia.

RAE

GRAMÁTICA

En las zonas voseantes de América, el imperativo tiene una forma propia para la persona vos (*hablá, bebé, abrí, empezá, volvé, elegí, tené, hacé, poné, vení, salí, decí...*): ***Empezá** vos, por favor./**Comé, comé**, está muy bueno.*

Una visión global del mundo hispánico

La presencia de aspectos **culturales e interculturales** a lo largo de las actividades, así como en el apartado "Cultura", y la integración destacada de las **variantes hispánicas** facilitan la creación de una conciencia global del mundo hispánico y la adquisición de habilidades de comunicación por parte del estudiante. Todo esto le permite desenvolverse con éxito en una realidad lingüística y cultural tan compleja como la de la comunidad hispanohablante.

Un atractivo y motivador material audiovisual

Frecuencias presenta la serie ***Hostal Babel***, comedia de situación específicamente creada para el manual, en la que, a través de una anécdota y su resolución, se repasan los contenidos de cada unidad. La serie está protagonizada por cinco personajes de distintos países de habla hispana.

Un diseño a doble página que facilita el aprendizaje

Frecuencias aporta un **atractivo y moderno diseño a doble página** que permite presentar los contenidos de manera **motivadora, clara y ordenada**, lo que facilita el aprendizaje.

En colaboración con la Real Academia Española (RAE)

La **Real Academia Española (RAE)** es miembro de la Asociación de Academias de la Lengua Española (ASALE), que se formó en México en 1951 y que está integrada actualmente por las veintitrés academias de la lengua española existentes en el mundo (veinte en América, además de España, Filipinas y Guinea Ecuatorial). Su objetivo es llevar a cabo una política lingüística panhispánica trabajando unidas para conseguir la integridad y el crecimiento de la lengua española.

Entre sus logros cabe destacar la publicación, en coautoría, del *Diccionario de la lengua española* a partir de su XXII edición, la *Ortografía* en sus ediciones de 1999 y 2010, y el *Diccionario panhispánico de dudas* (2005), así como la elaboración de distintas bases de datos o corpus.

Frecuencias es un proyecto desarrollado por **Edinumen** con la colaboración de la **Real Academia Española**. Esta colaboración se ha centrado en dos aspectos:

- por un lado, Edinumen ha tomado en consideración los corpus lingüísticos y bases de datos que la RAE ofrece, así como su conocimiento del uso del español, para el desarrollo del curso;
- por otro lado, el manual ha sido revisado por la Real Academia Española como lingüística, léxica y gramaticalmente correcto.

Los corpus: CORPES XXI y CREA

El **Corpus del Español del Siglo XXI (CORPES XXI)** es un proyecto impulsado por la Asociación de Academias de la Lengua Española (ASALE). Está formado por diferentes tipos de textos de todos los países del mundo hispánico. Reúne un conjunto de 400 millones de formas y palabras, con una distribución de un 70 % de América y un 30 % de España, que aparecen en textos producidos a partir de 2001.

El **Corpus de Referencia del Español Actual (CREA)** está diseñado para proporcionar información exhaustiva acerca de la lengua en un momento determinado de su historia y es lo suficientemente extenso para representar todas sus variedades relevantes. Se compone de una amplia variedad de textos escritos y orales, producidos en todos los países de habla hispana entre 1975 y 2004 y en los que es posible la búsqueda por formas, lemas y categorías gramaticales.

Frecuencias, curso de español revisado por la RAE y que incluye muestras auténticas de los corpus lingüísticos.

Estructura del libro

Cada nivel de **Frecuencias** está compuesto por **diez unidades didácticas** estructuradas en ocho apartados con unos objetivos específicos:

- **presentación** de los contenidos de la unidad;
- activación de los **conocimientos previos** de los estudiantes sobre el tema;
- presentación y actividades para la adquisición de **vocabulario**;
- presentación y práctica de los **contenidos gramaticales**;
- **secuencia comunicativa** para poner en práctica los conocimientos adquiridos, a través de tareas significativas y el **desarrollo de las cuatro destrezas**;
- presentación de **contenidos culturales** relacionados con el universo hispánico;
- actividades de **vídeo** sobre la serie *Hostal Babel*, que presenta en un contexto real y cotidiano los contenidos tratados en cada unidad;
- **evaluación** de lo aprendido y reflexión sobre el aprendizaje.

Los diferentes apartados han sido pensados para que se realicen en **una o dos sesiones** de clase cada uno de ellos, dependiendo de las necesidades y la progresión específica de cada grupo de estudiantes.

Las tareas están diseñadas para trabajar en **diferentes dinámicas: de modo individual**, **en parejas**, **en grupos pequeños y todo el grupo**, fomentando de esta manera el trabajo colaborativo y el intercambio de conocimientos entre los diferentes miembros de la clase. Estas dinámicas aparecen indicadas con las siguientes etiquetas:

En parejas **En grupos pequeños** **Todo el grupo**

Cada nivel de **Frecuencias** viene acompañado de un apéndice de **Pronunciación y ortografía** con diez fichas prácticas que trabajan el componente fonético y ortográfico y que pueden presentarse en clase según las necesidades específicas de cada grupo.

La ELEteca (extensión digital)

La **ELEteca** es una completa **plataforma *e-learning*** con funcionalidades y contenidos digitales que facilitan la enseñanza/aprendizaje de la lengua.

La ELEteca de **Frecuencias** ofrece **actividades interactivas** para la práctica en línea de los principales contenidos de cada apartado de las unidades, todo el **material audiovisual** del curso y una gran variedad de recursos tanto para el estudiante como para el docente.

Para entrar en la ELEteca, regístrate con el código que aparece en el interior de la cubierta en:

https://eleteca.edinumen.es/

HOSTAL Babel

Frecuencias presenta esta serie de ficción, en la que, a través del humor, se recogen los contenidos principales de cada unidad.

La acción transcurre principalmente en el **hostal Babel**, un lugar de encuentro en el que conviven cuatro estudiantes y Bea, la dueña del hostal.

El hostal Babel es un lugar divertido, familiar y con cierto toque bohemio. Un lugar ideal para vivir innumerables experiencias que acompañarán a los estudiantes a lo largo de todo el manual.

BEA

30 años, española

La dueña del hostal. Una mujer simpática, trabajadora, divertida y dinámica. Siempre de buen humor, lo mismo hace de amiga que de psicóloga o de árbitra en los conflictos que surgen en el hostal.

CARLA

24 años, argentina

Estudiante universitaria de Filosofía. Carla es una chica estudiosa, intelectual y formal. También es muy habladora y un poco "sabelotodo".

TERE

19 años, española

Estudiante de Empresariales, aunque poco amiga de las clases y muy amiga de las fiestas y la diversión. Extrovertida, simpática, dormilona y poco aplicada en sus deberes.

LEO

19 años, español

Estudia Química. Es un chico inteligente, aunque tímido, introvertido y con pocas habilidades sociales. Amante del cine fantástico, los cómics, la parapsicología y los videojuegos.

HUGO

20 años, mexicano

Estudia Veterinaria, es vegano, animalista y amante del yoga y de la vida sana. Aunque tiene algunos conflictos en el hostal, acaba entablando una gran amistad con sus compañeros.

No te pierdas ***Hostal Babel***, un lugar de encuentro para la amistad, la tolerancia y la mezcla de culturas.

Estructura de las unidades y elementos gráficos guía visual

Portada. En ella se encuentran resumidos los objetivos principales de cada unidad, así como imágenes y preguntas que introducen el tema y activan la motivación.

Objetivos de aprendizaje.

Preguntas de motivación.

Dinámica recomendada para las diferentes actividades.

¿Qué sabes? Apartado con actividades para sondear los conocimientos previos de los estudiantes sobre el tema a tratar, a la vez que se anticipa el vocabulario, algunas estructuras gramaticales y elementos culturales de los apartados sucesivos.

Uso de elementos visuales para la realización de muchas de las actividades.

Palabras. Secuencia de actividades de léxico que facilitan el aprendizaje del vocabulario contextualizado según el tema de la unidad. Las actividades están destinadas a que los estudiantes descubran palabras o expresiones y aprendan a combinarlas y a usarlas en contexto. Este aprendizaje se lleva a cabo a través de textos orales o escritos, imágenes, definiciones, cuadros semánticos... que permiten deducir e interpretar su significado.

En este apartado, los cuadros de la RAE constatan diferencias léxicas entre el español de España y el de América con ejemplos extraídos de los corpus.

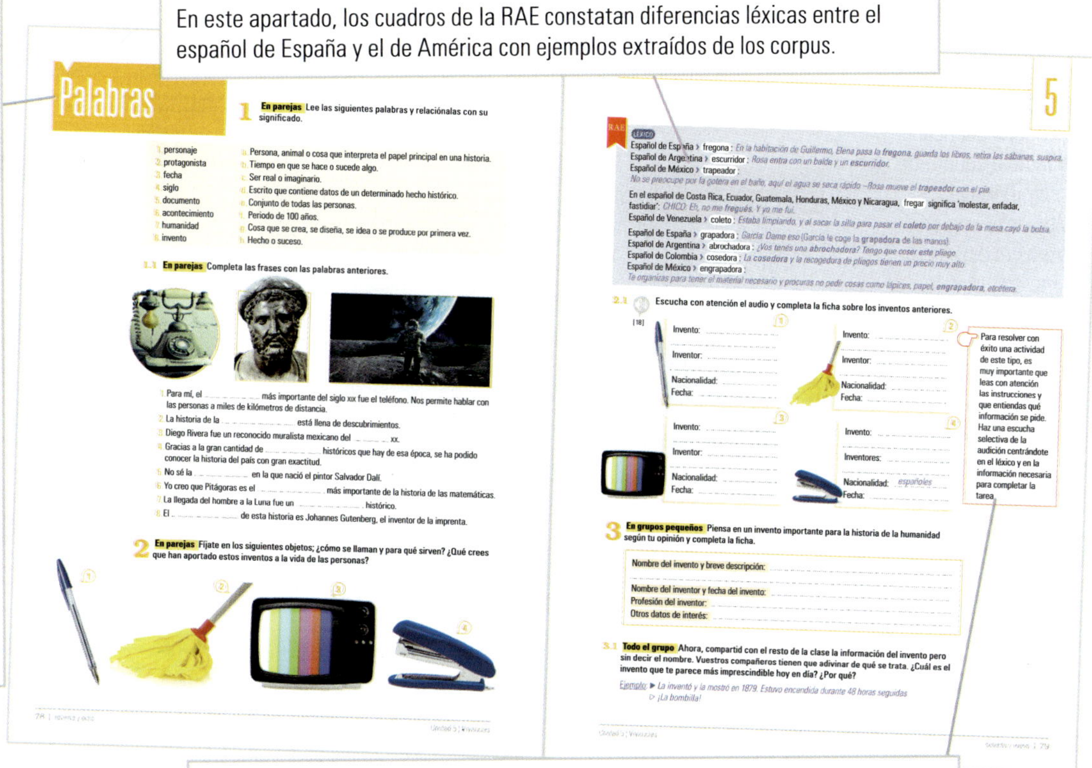

Cuadro de atención que sirve para resaltar o recordar los contenidos importantes.

Gramática. La gramática se presenta sistematizada a través de cuadros diseñados para facilitar su aprendizaje y de actividades de reconocimiento y práctica guiada de los contenidos tratados.

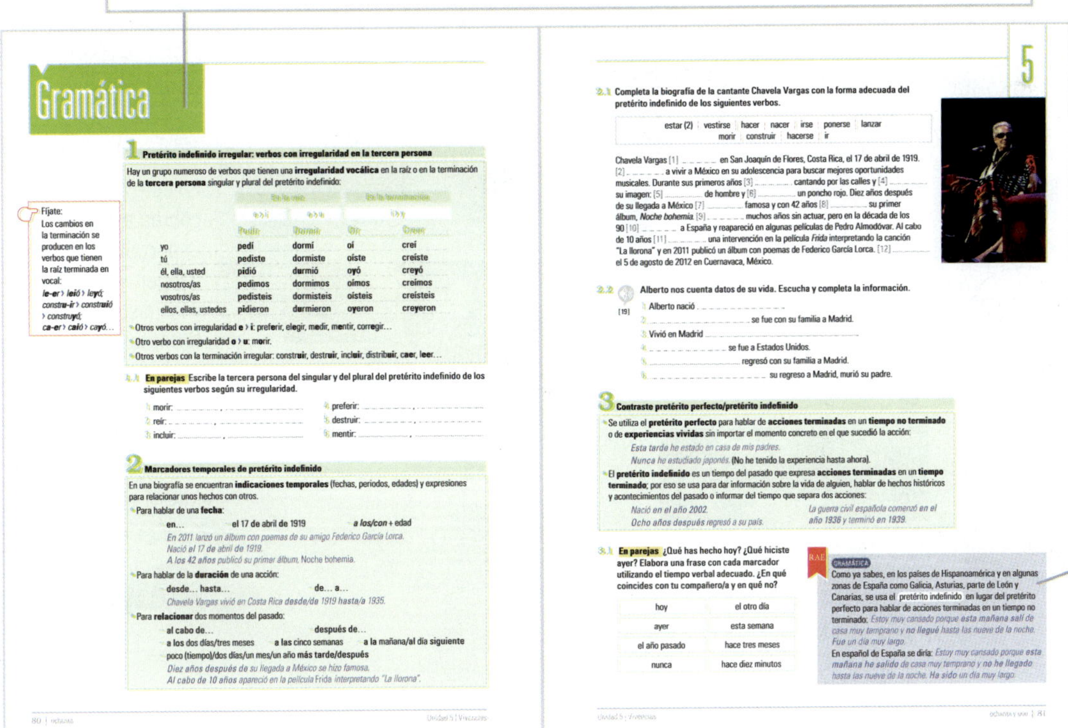

En este apartado, los cuadros de la RAE presentan información referida a cuestiones gramaticales (contraste entre el español de España y el de América, frecuencias de uso, regímenes verbales, etc.) con ejemplos extraídos de los corpus.

Practica en contexto. El estudiante aprende a interactuar a través de las diferentes tareas presentadas en una secuencia didáctica coherente y significativa. Mediante estas tareas el estudiante pone en práctica los conocimientos adquiridos hasta el momento con actividades de comprensión y producción orales y escritas, interactuando según las diferentes dinámicas propuestas.

Los cuadros funcionales se presentan en el momento adecuado de la secuencia como una herramienta que el estudiante utiliza para resolver con éxito la tarea propuesta.

Cultura. Los contenidos culturales se presentan en una secuencia muy visual y dinámica en la que se tratan temas socioculturales de España e Hispanoamérica.

En este apartado cobran especial importancia la imagen, el diseño y los distintos formatos de texto: gráficos, diagramas, mapas, folletos turísticos…

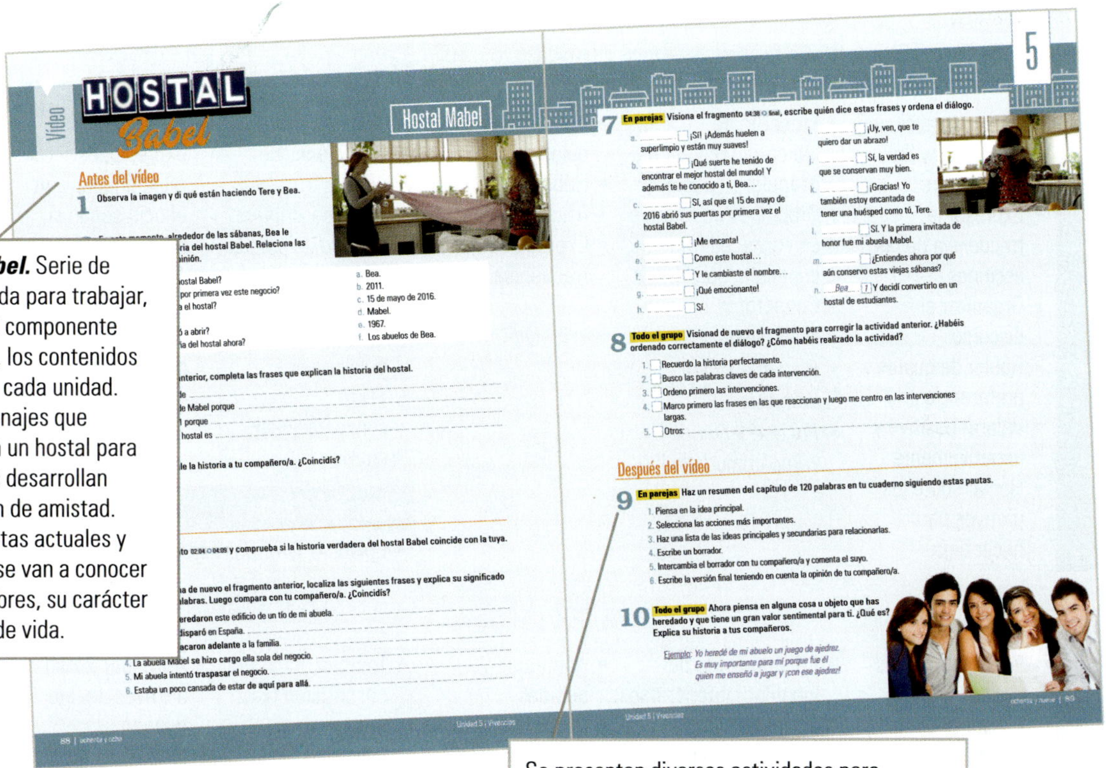

Hostal Babel. Serie de ficción ideada para trabajar, a través del componente audiovisual, los contenidos tratados en cada unidad. Cinco personajes que conviven en un hostal para estudiantes desarrollan una relación de amistad. Con anécdotas actuales y divertidas, se van a conocer sus costumbres, su carácter y su forma de vida.

Se presentan diversas actividades para predecir, comprender y comentar la historia, así como para trabajar la comunicación no verbal.

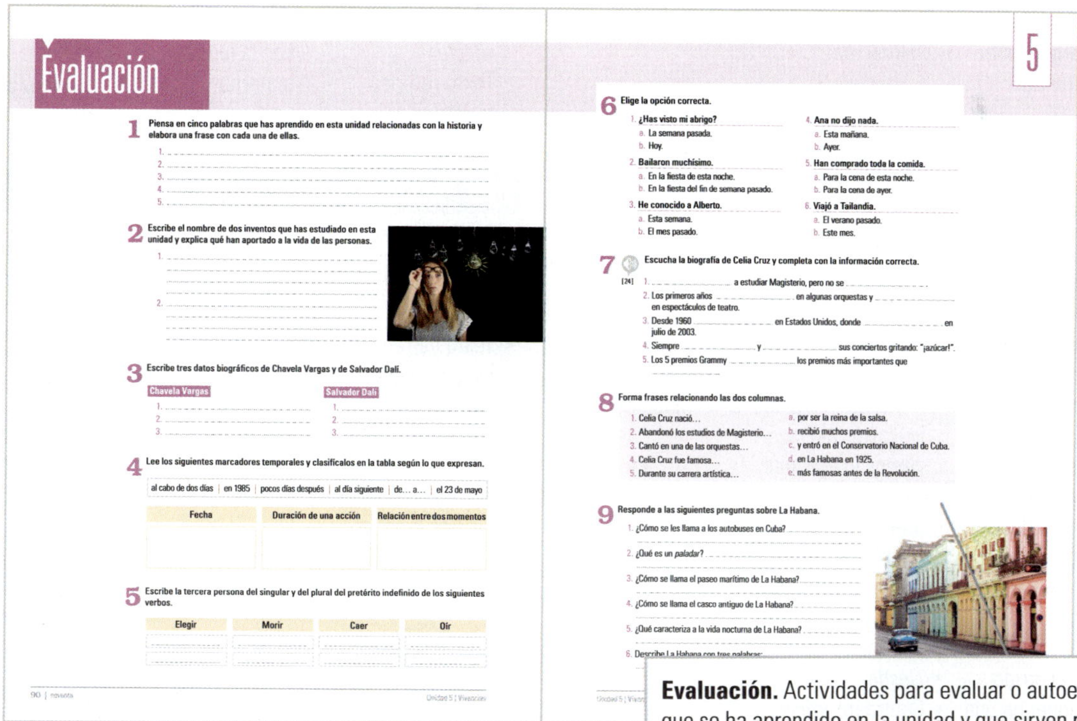

Evaluación. Actividades para evaluar o autoevaluar lo que se ha aprendido en la unidad y que sirven para que el estudiante tome conciencia de su propio aprendizaje. Con ellas, este puede reflexionar acerca de los errores cometidos e identificar aquellos contenidos que necesite repasar.

Índice

Unidad	Comunicación	Gramática	Léxico	Tipos de texto	Técnicas y estrategias	Cultura
1 **¡Qué divertido!** pág. 2	• Hablar de acciones cotidianas y del tiempo libre • Expresar la frecuencia de las acciones • Organizar el discurso • Hablar de gustos y preferencias • Valorar positiva y negativamente • Hablar sobre los motivos para hacer algo	• Presente de indicativo regular e irregular (repaso) • Oraciones de relativo con antecedente conocido: *que/donde* • Conectores discursivos • *Para qué* › *Para* + infinitivo • *Por qué* › *Porque* + verbo conjugado	• Actividades de ocio • Hábitos • Aficiones • Expresiones de frecuencia	• Texto informativo: actividades de ocio • Texto descriptivo: artículo de prensa digital, *Los deportes de moda* • Texto explicativo: pelota vasca • Texto conversacional: chat	• Aprender expresiones relacionadas con el ocio según su frecuencia de uso • Aprender léxico a través de la definición de objetos y su uso	• Deportes de moda • México: algunas curiosidades
				Vídeo: *Hostal Babel* • Episodio 1: *Tardes libres*		
2 **Estamos de fiesta** pág. 20	• Formular buenos deseos • Proponer planes y hacer sugerencias • Hacer comparaciones • Expresar acuerdo y desacuerdo • Pedir y dar opinión y valorar • Contrargumentar o puntualizar	• Comparativos de igualdad, inferioridad y superioridad – Comparativos de superioridad irregulares: *mejor, peor, mayor, menor* • Contraste *ser/estar* • *Me parece* + *que/* adjetivo/adverbio de valoración	• Alimentos y bebidas • Utensilios para comer y beber • Celebraciones y fiestas • Expresiones para formular buenos deseos	• Texto descriptivo: descripción física de personas • Texto conversacional: comparación de objetos y lugares • Texto instructivo: cómo preparar una fiesta sorpresa • Texto retórico: tarjetas de cumpleaños	• Aprender léxico a través de una imagen • Identificar verbos que se conjugan del mismo modo • Aprender léxico y expresiones a partir de la comparación con la lengua materna	• Pirámide de los alimentos • La canción *Cumpleaños feliz* en distintos países hispanos • La celebración del cumpleaños en diferentes países hispanos • La fiesta de los quince años en Hispanoamérica
				Vídeo: *Hostal Babel* • Episodio 2: *Lo importante es la tarta*		
3 **Viajes con encanto** pág. 38	• Narrar acciones terminadas sin relación con el presente • Describir las acciones realizadas durante un viaje • Indicar el comienzo y el final de una acción o de un recorrido • Reaccionar en una conversación	• Pretérito indefinido regular • Pretérito indefinido irregular: algunos verbos irregulares comunes • Marcadores temporales de pretérito indefinido • *Empezar* + *a* + infinitivo • *Desde... hasta...* • Contraste *ir/irse*	• Viajes • Alojamiento • Turismo	• Texto narrativo: blog de viajes • Texto conversacional: WhatsApp • Texto informativo: turismo creativo	• La tilde para diferenciar formas verbales • Formular preguntas para propiciar y facilitar la conversación	• Turismo en Cuba, Colombia y Guanajuato • Turismo creativo • La isla de Pascua: la leyenda de los moáis
				Vídeo: *Hostal Babel* • Episodio 3: *Fotos y más fotos*		

	Comunicación	Gramática	Léxico	Tipos de texto	Técnicas y estrategias	Cultura
4 **Hemos conectado** pág. 56	• Narrar acciones terminadas relacionadas con el presente • Hablar de experiencias vividas o no • Hablar de conocimientos y habilidades • Expresar negación • Interpretar y elaborar un gráfico	• Pretérito perfecto regular e irregular • Contraste *ya/todavía no, aún no* • Contraste *conocer/ saber* • Negación: *nunca, jamás, tampoco, nadie...* – Doble negación: *No... nunca, ni... ni...*	• Internet y las nuevas tecnologías • Palabras polisémicas • Experiencias vitales • Decimales	• Texto conversacional: encuesta sobre el uso de las redes sociales • Texto narrativo: correo electrónico, viaje a África • Texto descriptivo: experiencias vitales • Texto gráfico: uso de internet	• Aprender el léxico sobre las nuevas tecnologías a través de iconos • Recursos para aprender español en la red • Traducir a la lengua materna para comparar con la lengua meta	• Voluntariado digital: Campus Solidario de UNIR, Conéct@te y Tecnológico de Monterrey
				Vídeo: *Hostal Babel* • Episodio 4: *Un mensaje que dice: "Error"*		
5 **Vivencias** pág. 74	• Hablar de sucesos, hechos y acciones del pasado situándolos en el tiempo • Contar anécdotas: iniciar el relato, mostrar interés y reaccionar a lo largo del mismo • Escribir una biografía	• Pretérito indefinido irregular: verbos con irregularidad en la tercera persona • Marcadores temporales de pretérito indefinido: – De inicio y duración – Para relacionar dos momentos del pasado • Contraste pretérito perfecto/indefinido • Contraste *ya/todavía no, aún no* (repaso)	• Léxico para contar anécdotas • Inventos e inventores • Actividades cotidianas	• Texto narrativo: biografía y anécdotas • Texto conversacional: mensajes de voz entre amigos • Instagram • Texto narrativo: correo electrónico, actividades de ocio	• Leer las instrucciones, la tarea a realizar o tomar notas durante una audición para facilitar la comprensión del texto oral • Reaccionar ante el interlocutor: el silencio como muestra de falta de interés	• Malentendidos culturales • Biografía de Salvador Dalí, Chavela Vargas y Celia Cruz • La Habana (Cuba)
				Vídeo: *Hostal Babel* • Episodio 5: *Hostal Mabel*		
6 **¿Cómo era antes?** pág. 92	• Hablar del tiempo atmosférico • Hablar de acciones habituales en el pasado • Narrar y describir en pasado • Reaccionar a una anécdota expresando sorpresa o incredulidad • Expresar acciones anteriores, posteriores o simultáneas a otras	• Pretérito imperfecto regular e irregular • Marcadores temporales de pretérito imperfecto • Contraste pretérito imperfecto/ perfecto/indefinido • Verbos *llover, nevar, hacer frío...* • Posesivos pospuestos	• Secciones del periódico • Tiempo atmosférico • Puntos cardinales • Estaciones del año	• Texto expositivo: artículo, la vida de Amy Craton • Texto descriptivo: artículo, *Así era la vida antes de internet* • Texto informativo: artículo, escuela de niños de Exeter, en Inglaterra	• Deducir el nombre de las secciones de un periódico a través de las imágenes • Hacer uso de los titulares de un periódico o revista para conocer y escribir una noticia	• Estaciones del año en España e Hispanoamérica • España y sus comunidades autónomas: lenguas oficiales y algunos monumentos representativos
				Vídeo: *Hostal Babel* • Episodio 6: *Tarde de lluvia*		

	Comunicación	Gramática	Léxico	Tipos de texto	Técnicas y estrategias	Cultura
7 Dentro de 50 años pág. 110	• Hablar del futuro • Hacer planes • Hacer predicciones, suposiciones e hipótesis • Hacer promesas • Hablar de acciones futuras que dependen de una condición	• Futuro simple regular e irregular • Usos del futuro simple • Marcadores temporales de futuro • Otras estructuras para expresar futuro: presente de indicativo, *ir a/ pensar/querer* + infinitivo • Primera condicional: *si* + presente de indicativo + futuro simple	• Ecología y medioambiente • Reciclaje • Economía lineal y circular • Tipos de energía	• Texto informativo: artículo, el modelo económico actual • Texto argumentativo: artículo, opinión de ciencia • Texto explicativo: – infografía – artículo, certamen cinematográfico	• Aprender formas verbales y marcadores temporales rentables para hablar del futuro • Analizar una infografía para obtener información	• La huella ecológica • El punto limpio • Economía lineal vs. economía circular • Festival Internacional de Cine de San Sebastián
				Vídeo: *Hostal Babel* • Episodio 7: *Dentro de mil años*		
8 En línea pág. 128	• Dar órdenes, instrucciones, recomendaciones y consejos • Expresar obligación • Expresar posibilidad o capacidad • Pedir, conceder o denegar permiso • Hacer peticiones	• Imperativo afirmativo y negativo regular e irregular • Usos del imperativo • Posición de los pronombres de objeto directo e indirecto con el imperativo • *Deber* + infinitivo • *Tener que* + infinitivo • *Poder* + infinitivo	• Internet y la publicidad • Compras en línea	• Texto conversacional: foro sobre publicidad • Texto descriptivo: correo electrónico, conferencia sobre publicidad • Texto instructivo: – Anuncios publicitaros en internet – Cómo hacer una buena compra por internet	• Recursos para aprender las palabras relacionadas con la publicidad y las compras en línea • Aprender palabras a través de su definición	• Plataformas de compra en línea: Amazon, eBay, Zalando • La publicidad de los años 80 en España
				Vídeo: *Hostal Babel* • Episodio 8: *Lámparas* online		
9 Compartir espacios pág. 146	• Dar consejos y hacer recomendaciones • Dar o denegar permiso • Expresar prohibición • Expresar deseos y hacer peticiones • Expresar hipótesis y probabilidad • Organizar el discurso	• Presente de subjuntivo regular e irregular • Usos básicos del subjuntivo: – *Aconsejar, recomendar, prohibir...* + infinitivo/*que* + presente de subjuntivo – *Desear, esperar, querer* + infinitivo/ *que* + presente de subjuntivo • Organizadores del discurso y las acciones	• Estancias y objetos de una casa • Tareas del hogar • Consejos para aprender español • Consejos para compartir piso	• Texto descriptivo: exposición, mi nuevo apartamento • Texto conversacional: correo electrónico, pedir y dar consejos • Texto instructivo: *compartepiso.es*	• Observar las imágenes que ilustran un texto para predecir su contenido y facilitar su comprensión • Aprender autocorrigiendo un texto escrito	• Géneros musicales de Latinoamérica – Músicos latinos: Juan Luis Guerra, Gloria Estefan, Daddy Yankee...
				Vídeo: *Hostal Babel* • Episodio 9: *Un hostal democrático*		

Repaso de los principales contenidos del nivel

	Comunicación	Gramática	Léxico	Tipos de texto	Técnicas y estrategias	Cultura
10 Rebobinamos pág. 164	• Dar órdenes e instrucciones • Dar consejos y hacer recomendaciones • Expresar deseos • Conceder permiso y prohibición • Narrar y describir en pasado • Contar una anécdota y reaccionar	• Usos de los tiempos del pasado (repaso) • Contraste de los tiempos del pasado (repaso) • Imperativo (repaso) • Marcadores temporales (repaso) • Presente de subjuntivo regular (repaso)	• Repaso de vocabulario sobre hábitos cotidianos, alimentos, turismo y viajes, estancias y objetos de una casa, tareas del hogar, internet y las redes sociales, clima, naturaleza y medioambiente, secciones de un periódico • Léxico contrastivo entre España y América	• Texto expositivo: informe sobre el deporte en España • Texto informativo: anuario en un periódico universitario y noticias	• Reaccionar a las palabras del interlocutor • Unir palabras con su definición	• Concurso de preguntas sobre España e Hispanoamérica

Vídeo: ***Hostal Babel***

• Episodio 10: *Recuerdos con paté de algas*

Pronunciación y ortografía pág. 184

Ficha 1 El punto y la coma 184

Ficha 2 Contraste de los sonidos /n/ y /ñ/. Los sonidos /ch/ y /y/. Los dígrafos *ch* y *ll*. Las letras *y/ll* 185

Ficha 3 Contraste de los sonidos /p/ y /b/. Las letras *b/v* 186

Ficha 4 Contraste de los sonidos /t/ y /d/ 187

Ficha 5 Contraste de los sonidos /z/ y /s/. El ceceo y el seseo. Las letras *c/z* 188

Ficha 6 Contraste de los sonidos /k/ y /g/. Las letras *c/q/k* 189

Ficha 7 Los sonidos /j/ y /f/ 190

Ficha 8 La sílaba. Reglas generales de acentuación 191

Ficha 9 Los diptongos y los triptongos 192

Ficha 10 El hiato 193

Tabla de verbos pág. 194

Glosario pág. 201

España datos de interés

Número de habitantes

España es el tercer país más visitado del mundo, superado únicamente por Francia y Estados Unidos.

La mayor reserva ecológica de Europa está en España: el parque nacional de Doñana.

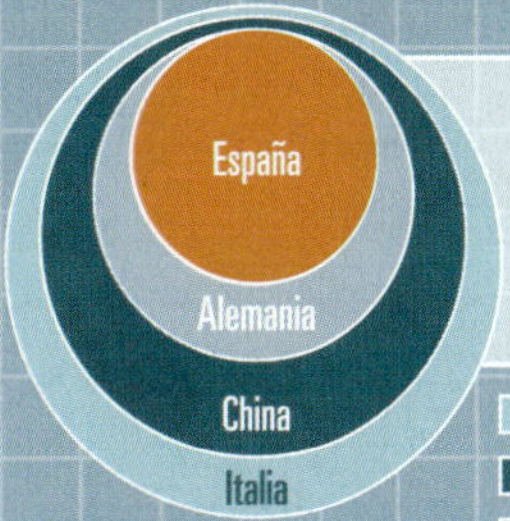

Es el cuarto país con más sitios Patrimonio de la Humanidad, por detrás de Italia, China y Alemania.

- Italia (58)
- China (56)
- Alemania (51)
- España (49)

Monumentos más visitados en España:

- La Alhambra (Granada)
- La Sagrada Familia (Barcelona)
- La Mezquita (Córdoba)
- La Catedral de Santiago de Compostela (La Coruña)
- La Catedral de Burgos (Castilla y León)

Es el líder mundial en donación de órganos.

Las cuevas de Altamira albergan el arte paleolítico más antiguo de Europa.

Hispanoamérica | datos de interés

Según *National Geographic*, el glaciar Perito Moreno, dentro del parque natural Los Glaciares en Argentina, es el cuarto paraje natural más bello del mundo, y el parque nacional Canaima, en Venezuela, ocupa el lugar número 15.

¡Hola!

La mayoría de los hablantes de español se encuentran en Hispanoamérica:

404 millones de hablantes nativos

Países más visitados de Hispanoamérica

- **México** ≃ 40 000 000
- **Argentina** ≃ 7 000 000
- **Chile** ≃ 6 500 000
- **República Dominicana** ≃ 6 000 000

Principales culturas precolombinas

- **Azteca** (Sur de México, siglos XIV-XVI)
- **Maya** (México y Guatemala, siglos I-XVII)
- **Inca** (Ecuador, Perú, Bolivia, norte de Argentina y Chile, siglos XV-XVI)

¿Por qué estudio español?

Más de 591 millones de personas hablan español en el mundo. De ellos, 480.2 millones son nativos.

El español es la **segunda lengua materna del mundo** por número de hablantes, después del chino mandarín.

La contribución del conjunto de los países hispanohablantes al PIB mundial es del 6.9 %.

6.9 %

Es la cuarta lengua más estudiada del mundo después del inglés, el francés y el chino mandarín: actualmente hay 24 millones de estudiantes de español en el mundo.

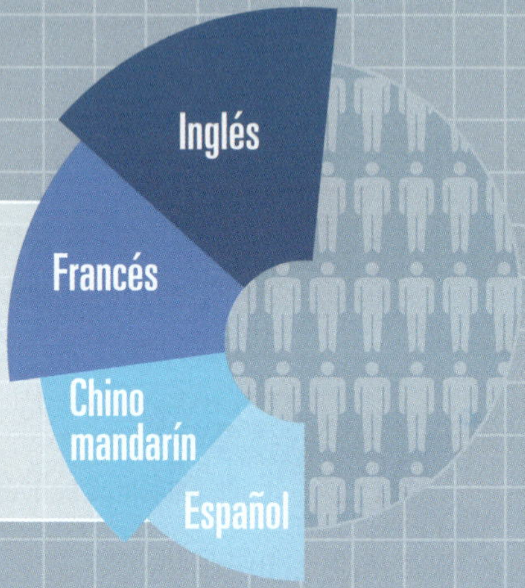

El español es la cuarta lengua más poderosa del mundo.

El español ocupa la cuarta posición en el ámbito institucional de la Unión Europea.

Es la tercera lengua en el sistema de trabajo de la ONU: es una de sus seis lenguas oficiales.

- El español es la tercera lengua más utilizada en la red.
- El 7.9 % de los usuarios de internet se comunica en español.
- El español es la segunda lengua más utilizada en Wikipedia, en Facebook, en LinkedIn y en Twitter.

España es el tercer país exportador de libros del mundo.

España, Argentina y México se encuentran entre los quince principales países productores de películas del mundo.

Datos extraídos del informe *El español: una lengua viva*, elaborado y redactado por David Fernández Vítores, y dirigido y coordinado por la Dirección Académica del Instituto Cervantes (2021).

Libro del estudiante

Nivel **A2**

Unidad

1

¿Tienes mucho tiempo libre?

¿Qué te gusta hacer en tu tiempo libre?

¿Te interesan más las actividades culturales o las deportivas?

¿Qué puedes hacer los fines de semana en tu ciudad?

¡Qué divertido!

En esta unidad vas a. . .

- Hablar de lo que te gusta hacer en tu tiempo libre
- Preguntar por los gustos y preferencias de los demás
- Expresar la frecuencia con que se realizan las acciones
- Conocer datos curiosos sobre México

¿Qué sabes?

1 **En parejas** ¿Qué hacen estas personas? Escribe debajo de cada imagen la acción que se desarrolla. Luego compara el resultado con tu compañero/a.

1.1 **En parejas** ¿Qué acciones de las anteriores asocias al tiempo libre? ¿Por qué?

1.2 **Todo el grupo** De las actividades cotidianas que no forman parte del tiempo libre, ¿cuál es la que más te gusta hacer? ¿Y la que menos?

RAE

LÉXICO

Español de España › fregar ('limpiar algo restregando un cepillo con agua y jabón'): *Trabajaban muchas horas **fregando** platos, pero compensaba.*

Español de América › fregar ('fastidiar, molestar'): *No lo dices por **fregarme**, ¿verdad?*

4

8

2 **En grupos pequeños** ¿Qué te gusta hacer los fines de semana? ¿Qué otras actividades sueles hacer? ¿Coincides con tus compañeros?

Cocinar en familia.

Ir de compras.

Practicar deporte al aire libre.

Ir al gimnasio.

Limpiar la casa.

Viajar.

A mí me gusta mucho ir al gimnasio los sábados.

Yo prefiero practicar deporte al aire libre.

Palabras

1 **En parejas** Relaciona las palabras con las imágenes y completa las frases con los elementos que faltan. Fíjate en el ejemplo. Luego compara con tu compañero/a.

deporte | exposición | película | redes sociales
instrumento | fiesta | compras | videojuegos | ~~paseo/vuelta~~

1 Dar ......un paseo/una vuelta......

2 Salir ....

3 Hacer ....

4 Ir ....

5 Visitar ....

6 Ver ....

7 Chatear ....

8 Jugar ....

9 Tocar ....

1.1 Lee el correo que Laura escribe a una amiga y sustituye cada expresión subrayada por alguna de las que has visto en la actividad anterior.

Hola, Marta, ¿qué tal todo por allí? Yo, como siempre, llevo una vida muy tranquila. Ya sabes, cuando no estoy trabajando, quedo con amigos y vamos al gimnasio, a montar en bici o a correr. Intento hacer ejercicio al menos dos o tres veces por semana, pero es difícil… Casi todos los sábados Raúl y yo salimos, vamos al cine y damos una vuelta por el centro. No solemos ir a bailar por la noche. Esa etapa ya pasó. Ahora prefiero ver algo de arte, ver una buena película o tener una tranquila charla con un buen amigo en una cafetería. Y tú, ¿qué haces?

2 [1] David y Sara hablan de lo que les gusta hacer en su tiempo libre. Escucha y anota en tu cuaderno qué cuatro actividades mencionan de la actividad 1 y las cuatro nuevas que aparecen.

2.1 [1] Escucha de nuevo y completa los huecos con la información que tienes a continuación.

hacer excursiones | en las redes sociales | ir de compras | oye música | dar una vuelta
salir con los amigos | juega a algún videojuego | novelas | periódicos | va en el autobús

1. A David, después de clase, le gusta .... por el centro comercial.
2. Sara .... con su hermano y chatea .... con sus amigos.
3. Sara lee .... y David prefiere leer ....
4. David a menudo .... Sara, solo cuando ....
5. A Sara, los fines de semana, le encanta ....
6. A ninguno de los dos les gusta ....; prefieren .... para tomar algo.

3 **En parejas** Pregunta a tu compañero/a con qué frecuencia realiza estas actividades.

⊖ ----------------------------> ⊕

	Nunca	Casi nunca	A veces	A menudo	Todos los días/Siempre
1. Ir de compras.	☐	☐	☐	☐	☐
2. Dar un paseo/una vuelta.	☐	☐	☐	☐	☐
3. Ver una película.	☐	☐	☐	☐	☐
4. Chatear con amigos.	☐	☐	☐	☐	☐
5. Hacer deporte.	☐	☐	☐	☐	☐
6. Salir con amigos.	☐	☐	☐	☐	☐
7. Jugar a videojuegos.	☐	☐	☐	☐	☐
8. Oír/Escuchar música.	☐	☐	☐	☐	☐
9. Hacer excursiones.	☐	☐	☐	☐	☐
10. Leer un libro.	☐	☐	☐	☐	☐

Otros: ....

3.1 **Todo el grupo** Comparte con el resto de la clase la información que has obtenido de tu compañero/a.

3.2 **Todo el grupo** El cuadro de la derecha muestra la frecuencia de uso de las expresiones referidas a actividades de ocio en España e Hispanoamérica. ¿Crees que son las actividades más practicadas? Justifica la respuesta según los resultados de la actividad 3.

RAE

FRECUENCIA DE USO DE EXPRESIONES DE TIEMPO DE OCIO

⊕
- Chatear con amigos.
- Jugar a videojuegos.
- Salir de fiesta.
- Hacer deporte.
- Ir de compras.
- Oír música.
- Ver una película.
- Tocar un instrumento.
- Dar un paseo.
- Leer un libro.

⊖

Gramática

GRAMÁTICA

El pronombre vos en presente de indicativo

Español de España › tú. *Tú piensas/juegas/pides*: *Todo el mundo me dice que tú quieres irte al Banco de España.*

Español de América › vos. *Vos cantás/sabés/vivís*: *¿Y vos cómo lo sabés...?*

1 Presente de indicativo regular

Completa la conjugación del presente de indicativo regular:

	Hablar	Leer	Escribir
yo	hablo		escribo
tú		lees	escribes
él, ella, usted	habla	lee	
nosotros/as	hablamos		escribimos
vosotros/as		leéis	escribís
ellos, ellas, ustedes	hablan	leen	

2 Presente de indicativo irregular

Recuerda: Algunos verbos tienen un cambio ortográfico para conservar el sonido original del infinitivo. Este cambio no se considera una irregularidad: *coger › cojo; convencer › convenzo; seguir › sigo...*

- Verbos que tienen **irregularidades propias** o **doble irregularidad**:

Ser	Estar	Ir	Tener	Venir	Decir	Oír
soy	**estoy**	**voy**	**tengo**	**vengo**	**digo**	**oigo**
eres	**estás**	**vas**	tienes	vienes	dices	oyes
es	**está**	**va**	tiene	viene	dice	oye
somos	estamos	**vamos**	tenemos	venimos	decimos	oímos
sois	estáis	**vais**	tenéis	venís	decís	oís
son	**están**	**van**	tienen	vienen	dicen	oyen

- Verbos que solo tienen **irregular la primera persona** *(yo)*:

poner › **pongo**	conocer › **conozco**	salir › **salgo**	nacer › **nazco**	ver › **veo**
hacer › **hago**	conducir › **conduzco**	valer › **valgo**	traer › **traigo**	dar › **doy**

- Verbos que tienen **cambios vocálicos**:

e › ie Pensar	o › ue Poder	e › i Pedir	u › ue Jugar	i › y Construir
pienso	puedo	pido	juego	construyo
piensas	puedes	pides	juegas	construyes
piensa	puede	pide	juega	construye
pensamos	podemos	pedimos	jugamos	construimos
pensáis	podéis	pedís	jugáis	construís
piensan	pueden	piden	juegan	construyen

2.1 [2] Escucha lo que hace Jaime los fines de semana y anota los verbos irregulares que usa en la categoría correspondiente.

1.ª persona irregular	e › ie	o › ue	e › i	i › y	Otros

3 Oraciones de relativo

- Las oraciones de relativo permiten **unir frases** que tienen un elemento en común. Para ello, se usan los **relativos**.
- Los relativos más usados son ***que*** y ***donde***:

  Tengo un **hijo** + mi **hijo** habla chino › *Tengo un **hijo que** habla chino.*

  Vivo en una **casa** + la **casa** está cerca › *La **casa donde** vivo está cerca.*

3.1 Piensa en una actividad que te gusta y en dos o tres cosas que tienes o llevas siempre para practicarla. Descríbelas sin mencionar su nombre ni el nombre de esa actividad.

Ejemplo:

- *Llevo un producto **que** me protege la piel de los rayos de sol.*
- *Tengo un objeto **que** me protege los ojos del sol.*
- *Voy a un lugar **donde** me puedo bañar.*

3.2 **Todo el grupo** Ahora explícales a tus compañeros qué llevas para hacer la actividad. Ellos deben adivinar el nombre de los objetos y de la actividad.

Ejemplo: *Llevas crema solar, tienes unas gafas de sol y vas a una piscina. ¡Te gusta tomar el sol en la piscina!*

3.3 **En parejas** Lee este chat entre Jaime y un amigo extranjero que aún no sabe formar oraciones de relativo y corrígelo. Fíjate en las palabras que resaltamos.

Steve: Oye, Jaime, tengo **un videojuego** nuevo. **El videojuego es muy bueno y divertido**.

Jaime: ¿Cómo se llama?

Steve: Tiene **un nombre** muy raro, no recuerdo **el nombre** ahora.

Jaime: ¿Cuándo puedo ir a tu casa para jugar? ¿Esta tarde?

Steve: Mejor mañana, tengo más tiempo. ¿Puedes traer **tu consola**? **Tu consola** es mejor.

Jaime: Sí, claro. La llevo.

Steve: Por cierto, te debo **dinero**. Mañana te devuelvo **el dinero**.

Jaime: Vale, no hay problema.

Steve: Entonces, hasta mañana.

Jaime: ¡Chao!

3.4 **En parejas** Fíjate en el ejemplo y escribe frases definiendo los objetos de las imágenes.

Ejemplo: *Una consola es un dispositivo que sirve para jugar a videojuegos.*

Practica en contexto

1 [3] Escucha con atención, observa las fotos y señala qué hace Ana durante sus vacaciones.

Organizar el discurso y las acciones

Existen palabras y expresiones que nos ayudan a **organizar el discurso y las acciones**. Algunos de sus usos son:

- Expresar **consecuencia** › *por eso, entonces, por lo tanto*:

  *Para mí las vacaciones son para descansar, **por eso** nunca me llevo el ordenador.*

- **Ordenar** la información › *primero, luego, después, por último, para terminar*:

  ***Primero** desayuno, **luego** hablo por teléfono y **después** hago la compra.*

- **Ejemplificar** › *por ejemplo, como*:

  *Me gusta practicar deportes al aire libre; **por ejemplo**, hacer senderismo, descenso de ríos o simplemente pasear por el bosque.*

1.1 **En parejas** Ahora completa con las palabras adecuadas para organizar el discurso de Ana.

Me levanto sobre las 10:00. [1] .... me ducho y [2] .... nado un poco en la piscina. [3] .... desayuno en el hotel con mucha calma... El desayuno es la comida del día que más me gusta, [4] .... nunca me la pierdo. Antes del mediodía voy a la playa para relajarme: me siento a la orilla del mar, con un sombrero para protegerme del sol y con una bebida refrescante de frutas. Lo más importante es desconectar del día a día; [5] ...., durante mis vacaciones, no hablo por teléfono con nadie, no enciendo el ordenador ni leo ningún mensaje del trabajo. [6] .... de comer duermo una pequeña siesta de 20 minutos, vuelvo a la playa y, [7] ...., buceo con un grupo de amigos. Para terminar el día, practico alguna rutina que me ayude a sentirme mejor; [8] ...., hago yoga durante una hora o me doy un baño relajante.

1.2 Piensa en tus vacaciones y escribe cómo es tu rutina cuando no trabajas o estudias. Utiliza las palabras para organizar el discurso que conoces.

Me levanto a las...

1.3 **Todo el grupo** Ahora explícales a tus compañeros cómo es tu rutina en vacaciones y comprueba si es muy parecida o diferente.

2 **En grupos pequeños** María y Adrián tienen el sábado libre y buscan un lugar para pasárselo bien. Lee qué les gusta hacer y las diferentes propuestas y escoge una actividad para cada uno.

MARÍA

- Pasar el tiempo con sus hijos.
- Pasar su día libre en un lugar divertido y entretenido para sus hijos.
- No estar en lugares muy ruidosos y peligrosos.

ADRIÁN

- Conocer a gente.
- Pasar un día divertido al aire libre.
- No estar solo.

Valorar positivamente

- ***Gustar*** + sustantivo o infinitivo
  Me gusta la playa.
  Me gusta relajarme en la playa.
- ***Preferir*** + sustantivo o infinitivo
  Prefiero la playa. Es muy relajante.
  Prefiero pasar mis vacaciones en la montaña.

Valorar negativamente

- ***No gustar*** + sustantivo o infinitivo
  No me gustan los deportes de riesgo.
  No me gusta practicar deportes de riesgo.
- ***Molestar*** + sustantivo o infinitivo
  Me molestan los lugares ruidosos.
  Me molesta estar en un lugar ruidoso.

Visita al planetario y al Jardín de la Vía Láctea

Los visitantes están en contacto con las estrellas, los planetas y el universo. Este sábado se realiza una actividad dinámica y divertida tanto para niños como para adultos: la visita al Jardín de la Vía Láctea. Todos los participantes viajan a la Vía Láctea para conocer sus elementos y dimensiones.

Descenso de ríos o *rafting*

Este sábado puedes disfrutar del deporte al aire libre y en equipo. En plena naturaleza, todos los participantes descienden ríos rápidos en balsas de goma.
En cada balsa van seis o siete personas con un guía que conoce al detalle cada parte del río y que es experto en primeros auxilios. Es una experiencia única y emocionante.

Cine al aire libre en los jardines del castillo

Este fin de semana se celebra un ciclo de cine al aire libre en los jardines del castillo en medio del bosque. Durante los dos días se proyectarán diferentes películas: infantiles, de cine fantástico, antiguas, románticas… para todos los gustos y edades. Un plan perfecto para disfrutar en familia, con amigos o solo.

Parque de atracciones

Es la opción ideal para pasar un día en familia, con amigos o solo y conocer a más gente. Este parque ofrece juegos para niños y adultos en escenarios de gran belleza, así como circuitos al aire libre para todas las edades y condiciones físicas. Es el mejor plan para pasar un sábado o un domingo lleno de risas y diversión.

2.1 **Todo el grupo** Justifica tu elección al resto del grupo.

Ejemplo: *El planetario es una buena opción para María, porque le gustan los lugares tranquilos; pero el* rafting *no, porque no le gustan las actividades peligrosas.*

3 **En parejas** Pregunta a tu compañero/a qué sabe de las disciplinas deportivas que tienes en este anuncio de un gimnasio.

- Organizamos grupos de *running*
- Clases de zumba
- Clases de yoga
- Tenemos todos los niveles de TRX

3.1 Has buscado más información en la prensa digital sobre estos deportes y has encontrado este artículo. Léelo y comprueba tu respuesta de la actividad anterior.

Los deportes de moda

Algunas de las disciplinas deportivas que más éxito tienen actualmente entre la población son tradicionales; otras, en cambio, son muy novedosas. Todas ellas están cambiando los hábitos deportivos de nuestra sociedad.

Los grupos de *running*

Existe un nuevo estilo dentro del *running* que son los grupos de corredores. Estos grupos se organizan para darle a este deporte solitario un carácter más social. Practicar *running* en grupo es una actividad donde predomina el buen ambiente, se conoce gente y se comparte la misma afición.

El *boom* del yoga

Es una de las disciplinas más practicadas actualmente. Las posturas de yoga, llamadas *asanas*, son ejercicios que unen el cuerpo con la mente. No consisten en imitar una postura determinada, sino en conseguir el equilibrio y la concentración en ese punto, con una respiración adecuada. El yoga contribuye al completo desarrollo de los aspectos físico, psicofísico, mental y espiritual.

El TRX

El TRX *(total-body resistance exercise)* es una modalidad deportiva que se basa en el entrenamiento en suspensión aprovechando el peso del cuerpo. Es una actividad muy recomendada para personas que sufren con frecuencia dolores de espalda. Otra ventaja del TRX es que se puede hacer desde casa con el equipo necesario. Practicando TRX aumentas la fuerza y la resistencia muscular al mismo tiempo que tonificas todo el cuerpo.

A ritmo de zumba

La zumba es una modalidad de *fitness*, procedente de Colombia, con la que nos mantenemos en forma al tiempo que nos divertimos, pues combina movimientos de baile con una serie de repeticiones aeróbicas. Tanto los ejercicios como la música son propios de Latinoamérica y se aprende a dominar diferentes estilos, como la cumbia, la salsa y el merengue.

Adaptado de http://capital.es/2015/02/los-deportes-de-moda/

3.2 [4] Cristina y Rubén están decidiendo a qué disciplina se van a apuntar. Escúchalos y anota en tu cuaderno lo que piensan de cada deporte. ¿Qué disciplina elige cada uno? ¿Por qué?

3.3 **En parejas** ¿Y a ti? ¿Qué actividad te interesa más? ¿Por qué?

4 **Todo el grupo** De los deportes que conoces, ¿cuál te parece más interesante? Cuéntaselo al resto de la clase y argumenta tus respuestas. Fíjate en el ejemplo.

> Yo he practicado muchos deportes: correr, aeróbic, gimnasia, natación... Y para mí el más interesante es la natación porque trabajas todo el cuerpo y es muy bueno para curar los problemas de espalda, y también porque nadar es muy relajante.

Hablar sobre los motivos y razones para hacer algo

- *¿Para qué/Por qué* + verbo conjugado…?
  ¿Para qué practicas deporte?
  ¿Por qué practicas deporte?
- *Para* + infinitivo
  Para sentirme mejor.
- *Porque* + verbo conjugado
  Porque quiero sentirme mejor.

4.1 **En parejas** Vamos a hacer una encuesta sobre los hábitos deportivos de tu clase. Primero pregúntale a tu compañero/a qué deporte suele practicar y luego pídele que responda a las siguientes preguntas.

1. ¿Con qué frecuencia lo practica?
2. ¿Desde cuándo?
3. ¿Cuánto tiempo le dedica cada vez?
4. ¿Con quién lo practica?
5. ¿Dónde?
6. ¿Qué necesita para practicarlo?
7. ¿Practica otros deportes? ¿Con qué frecuencia?

4.2 **Todo el grupo** Comparte con el resto de la clase la información obtenida y elabora con tus compañeros la clasificación de los deportes más practicados.

5 Lee el siguiente texto sobre la pelota vasca; puedes buscar más información en internet.

Así como en Brasil tienen la *capoeira*, en Japón el sumo y en Inglaterra el críquet, la pelota vasca es un deporte practicado de forma tradicional en el País Vasco, Navarra y La Rioja (España).
Los primeros documentos sobre este juego son del siglo XIII y actualmente existen federaciones de pelota vasca por todo el mundo.
Es un deporte en el que participan dos jugadores o dos equipos que golpean por turnos una pelota contra un muro hasta conseguir un tanto. Para golpear la pelota, pueden utilizar una paleta de goma o la mano.
La cancha donde juegan se llama *frontón*. Hay dos tipos principales de frontón, uno que mide 36 metros y otro de 54 metros.

5.1 **Todo el grupo** ¿Existe en tu país o región algún deporte o juego tradicional? Cuenta a tus compañeros cómo es. Usa relativos como en el texto que has leído.

Viva México

Algunos datos curiosos sobre México

1 **En parejas** Lee estas informaciones sobre México. Tres son falsas, ¿sabes cuáles son?

1 México es el país con mayor número de hispanohablantes, 120 millones, pero el español no es la lengua oficial del país. ✓ ✗

2 El mariachi es una música y un baile popular interpretados por orquestas que son conocidas también como *mariachis*. ✓ ✗

3 Ciudad de México es la ciudad con el mayor número de museos en el mundo. ✓ ✗

4 Muchos de los murales de Diego Rivera se encuentran en edificios públicos de México. ✓ ✗

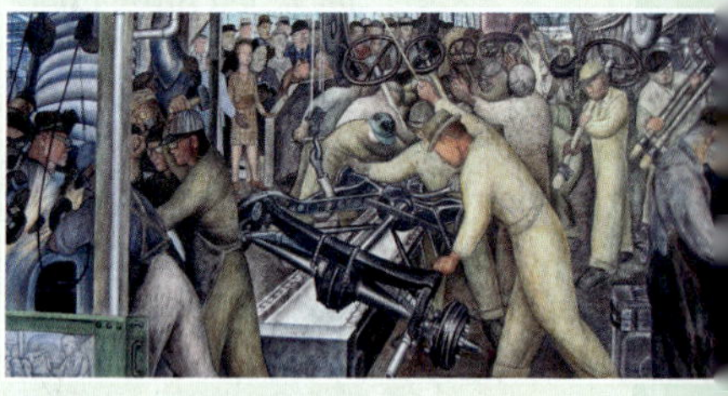

5 En México se hablan cincuenta y tres lenguas distintas. ✓ ✗

6 En México hay más de 200 000 especies distintas de plantas y animales: es uno de los países con mayor diversidad y riqueza natural del mundo.

7 La frontera de México con EE. UU. es la segunda mayor del mundo, después de la frontera de EE. UU. con Canadá.

8 En México está la mayor pirámide del mundo.

9 Las playas de Ciudad de México son las mejores y más famosas del país.

10 La palabra *México* significa 'en el ombligo de la luna'.

1.1 **Todo el grupo** ¿Qué otras cosas sabes sobre México? Busca información en internet y compártela con tus compañeros.

1.2 **Todo el grupo** ¿Has estado alguna vez allí? Cuenta tu experiencia.

1. Cierto. En la Constitución de México no se reconoce ninguna lengua oficial. **2.** En efecto, el mariachi es la música popular más famosa de México; procede del estado de Jalisco. **3.** Así es, existen en la capital 170 museos. **4.** Correcto: algunos de los murales más importantes de Diego Rivera se encuentran en edificios públicos como el Palacio Nacional o la Escuela Nacional Preparatoria. **5.** No es cierto, en México se hablan más de 60 lenguas indígenas. **6.** Así es, entre el 10 % y el 12 % de todas las especies del mundo pueden encontrarse en territorio mexicano. **7.** Falso, la longitud de la frontera entre México y EE. UU. es de 3185 km, y ocupa el décimo puesto en el *ranking* mundial. **8.** Es cierto: con 450 metros de ancho y 66 metros de altura, la Gran Pirámide de Cholula es la pirámide más grande de la Tierra. Esta pirámide está bajo una montaña. **9.** Falso, Ciudad de México no tiene playas, no es una ciudad costera. Las playas más conocidas están en Cancún o Playa del Carmen. **10.** En efecto, la palabra *México* tiene su origen en el idioma náhuatl y significa 'en el ombligo de la luna'.

HOSTAL Babel

Tardes libres

Antes del vídeo

1 Observa la imagen con atención y di qué crees que están haciendo los inquilinos del hostal Babel. ¿Sabes cómo se llama este juego?

....

2 **En parejas** ¿Sabes qué se necesita para jugar? Completa con el nombre adecuado y explica cómo se juega.

tablero
ficha
cubo
dado

[1] ....
[2] ....
[3] ....
[4] ....

Durante el vídeo

3 Visiona el fragmento 00:30 ▶ 01:28 y anota...

1. quién ha ganado: ....
2. quién ha perdido: ....
3. qué debe hacer la persona que ha perdido: ....

4 Visiona el fragmento 01:40 ▶ 03:48 y marca las actividades que les gusta hacer en su tiempo libre a Hugo, Leo y Tere.

	Hugo	Leo	Tere		Hugo	Leo	Tere
Ir de compras.	☐	☐	☐	Hacer ejercicio al aire libre.	☐	☐	☐
Jugar a videojuegos.	☐	☐	☐	Socializar en las redes sociales.	☐	☐	☐
Ir al gimnasio.	☐	☐	☐	Ir a clases de yoga.	☐	☐	☐

5 Observa las fotos. ¿Qué actividades crees que le proponen Leo, Tere y Carla a Hugo para sus tardes libres? Luego visiona el fragmento 03:40 ▶ final, comprueba tus respuestas y completa.

1 
2 
3 

Propuesta de Leo: ....

Propuesta de Tere: ....

Propuesta de Carla: ....

Después del vídeo

6 **En parejas** Lee el siguiente diálogo del vídeo, fíjate en las expresiones resaltadas y escríbelas al lado de su significado.

Hugo: Tres, cuatro, cinco… ¡Ay, no! ¡Si **sacas un tres**, puedes comerme!
Tere: ¡Síííí! **¡Te comeré!** Pásame el dado. **¡Voy a por ti**, Hugo!
Hugo: ¡Siempre **juegas a ganar**, Tere!
Leo: ¿Ella? ¡Siempre! ¡Tere odia perder!

1. Poner el objetivo en alguien para ganarle: ....
2. Jugar con la finalidad de ser el número uno: ....
3. Obtener un resultado: ....
4. Quitarle una ficha a otro jugador en el parchís: ....

7 **En parejas** Lee la siguiente frase de Hugo y responde:

"Chicos, les quiero preguntar algo: este semestre no tengo ninguna clase por la tarde…".

1. ¿Qué forma utiliza Hugo para dirigirse a sus amigos? ¿*Vosotros* o *ustedes*?
2. ¿En qué países de habla hispana se suele utilizar esta forma para dirigirse a amigos?

8 **En parejas** Visiona el fragmento 01:53 ▶ 01:59 y di qué expresión utiliza Carla refiriéndose al tiempo libre. ¿Cómo se dice esta expresión en el español de España?

9 **En parejas** ¿Te gustan los juegos de mesa? ¿Es habitual jugar en tu país? ¿Cuáles son los que más te gustan? ¿Por qué?

Evaluación

1 Lee el vocabulario relacionado con las actividades cotidianas y de ocio y clasifícalo en la columna adecuada.

RAE

LÉXICO

Español de España › ir de compras:
Hoy nos vamos de compras.

Español de América › ir de compras, vitrinear, hacer *shopping*:
En su tiempo libre, se dedicó a su cuerpo en el gimnasio del edificio donde vive y a ***hacer*** **shopping** *acompañada de sus amigos.*

Español de España › hacer la compra:
Ella se levantaba muy temprano cada mañana y ***hacía la compra****...*

Español de América › hacer las compras, hacer el mercado, ir al mandado/mercado:
Pues una persona común y corriente, que gusta de ***ir al mercado****, cocinar, dedicar tiempo a su familia.*

Hacer la compra. | Practicar deporte. | Tocar un instrumento. | Cocinar. | Ir de compras. | Leer una novela. | Limpiar la casa. | Ir al gimnasio. | Visitar un museo. | Fregar los platos.

Actividades cotidianas	Actividades de ocio

2 Escribe el verbo adecuado debajo de cada imagen.

hacer | dar | ir | visitar | tocar | ver

1. .... la guitarra.

2. .... la compra.

3. .... una película.

4. .... un museo.

5. .... de compras.

6. .... una vuelta.

3 Ordena las siguientes formas adverbiales según su frecuencia de más a menos.

a menudo | todos los días/siempre | nunca | a veces | casi nunca

1. .... 2. .... 3. .... 4. .... 5. ....

4 Piensa en una actividad de ocio y tiempo libre que haces...

- todos los días/siempre: ....
- a menudo: ....
- casi nunca: ....
- nunca: ....

5 Escribe los siguientes verbos en presente de indicativo y contesta a las preguntas.

Ir	Pensar	Hablar	Contar

1. ¿Qué verbo es regular? ....
2. ¿Qué verbo tiene una conjugación completamente irregular? ....
3. ¿Qué verbo tiene la irregularidad *-e* › *-ie*? ....
4. ¿Qué verbo tiene la irregularidad *-o* › *-ue*? ....

6 [5] En sus vacaciones, Óscar hace todos los días lo mismo y en el mismo orden. Escucha con atención y ordena las actividades.

7 Después de trabajar con esta unidad, valora tus conocimientos sobre los siguientes temas.

	Bien	Regular	Mal
1. Actividades de ocio y tiempo libre	☐	☐	☐
2. Adverbios de frecuencia	☐	☐	☐
3. Presente de indicativo irregular	☐	☐	☐
4. Valorar, hablar de gustos y preferencias	☐	☐	☐
5. Pedir y dar información sobre los motivos y razones para hacer algo	☐	☐	☐

8 Completa la información sobre México.

1. ¿Qué es un mariachi? ....
2. Longitud de la frontera entre México y EE. UU. ....
3. Número de lenguas indígenas que se hablan en México. ....
4. El nombre de la pirámide más grande de la Tierra. ....
5. Significado de la palabra *México*. ....

Unidad

2 Estamos de fiesta

¿Qué fiestas sueles celebrar cada año?

¿Cuál te hace más ilusión?

¿Te gustan las fiestas sorpresa?

Fíjate en las imágenes; ¿has participado alguna vez en estas celebraciones?

En esta unidad vas a...

- Hacer comparaciones
- Formular buenos deseos
- Proponer planes y hacer sugerencias
- Expresar acuerdo y desacuerdo
- Conocer cómo se celebra el cumpleaños en el mundo hispano

¿Qué sabes?

1 **En parejas** Observa los alimentos de la pirámide. ¿Conoces alguno? Completa con la palabra adecuada.

2 **Todo el grupo** Comparte con tus compañeros los nombres de todos los alimentos que conoces de la actividad anterior.

2.1 **Todo el grupo** Actualmente se está discutiendo si esta distribución clásica de los alimentos es correcta para llevar una alimentación saludable, ¿tú qué piensas? ¿Cómo debe ser esta pirámide en tu opinión? Justifica tu respuesta.

3 **En grupos pequeños** ¿Con qué alimentos de los anteriores crees que se puede hacer una tarta de cumpleaños?

RAE

LÉXICO

Español de España y América › tarta/pastel:
*De postre una **tarta** de almendras excelente.*
*Allí estaba mi madre, haciendo un **pastel** que olía delicioso y cantando.*
Español de América › torta: *La **torta** de boda tiene cuatro enormes pisos.*
Español de Honduras › queque: *Eliminar galletas dulces, **queques**...*

4 **En parejas** ¿Cómo te gusta celebrar tu fiesta de cumpleaños? Fíjate en lo que te proponemos, compara ambas opciones y elige una en cada caso. Trabaja con tu compañero/a y defiende tus elecciones.

1. ¿Fiesta normal o sorpresa?

(+) más (-) menos (=) igual

Ejemplo:

Me gustan más las fiestas normales que las fiestas sorpresa porque soy tímido.

2. ¿En casa o fuera?

(+) más (-) menos (=) igual

3. ¿Tarta de chocolate o de manzana?

(+) más (-) menos (=) igual

4. ¿Regalos o tarjetas regalo?

(+) más (-) menos (=) igual

5. ¿Muchos invitados o pocos?

(+) más (-) menos (=) igual

5 Marca, entre las palabras que hay a continuación, las que tienen relación con el tema de las fiestas y las celebraciones.

- [ ] globos
- [ ] invitación
- [ ] felicitación
- [ ] preparativo
- [ ] tarjeta
- [ ] personaje
- [ ] sorpresa
- [ ] escenario
- [ ] protagonista
- [ ] regalo
- [ ] ceremonia
- [ ] baile

6 **Todo el grupo** ¿Qué crees que necesitas aprender o repasar para poder hablar mejor sobre este tema? ¿Coincides con tus compañeros?

Palabras

1 **En parejas** Con tu compañero/a, clasifica las palabras en su imagen correspondiente. ¿Sabes el nombre de otros alimentos que aparecen en las fotografías?

1. cebolla	5. arroz	9. tarta	13. plátano
2. espagueti	6. jamón	10. naranja	14. queso
3. manzana	7. zanahoria	11. ajo	15. helado
4. tomate	8. patata	12. lechuga	16. tapa

A

B

C

D

E

F

1.1 **En parejas** Relaciona las imágenes anteriores con las siguientes palabras. ¿Cuál de ellas no se puede clasificar en ninguna categoría? ¿Por qué? Justifica tu respuesta.

☐ verdura ☐ fruta ☐ dulces ☐ lácteos ☐ embutidos ☐ pasta y legumbres

1.2 **Todo el grupo** De los alimentos anteriores, ¿cuáles son tus preferidos? ¿Cuáles comes con más frecuencia y cuáles con menos?

RAE

LÉXICO

Español de España › patata: *Tenemos el tiempo justo para comprar de camino pollo y **patatas** fritas.*
Español de España (Canarias) y español de América › papas:
*Rosa aparece con el plato del día: huevos estrellados, bistec, **papas** francesas, chiles jalapeños y frijoles refritos.*

Español de España y América › tomate:
*En la cafetería de la prensa se sirven ensaladas de **tomate** y mozzarella con albahaca y aceite de oliva.*
Español de México › jitomate: *Pique finamente los **jitomates**, la cebolla y dos dientes de ajo y fríalos en aceite caliente.*

Español de España › plátano: *Elisa pidió arroz con **plátanos** fritos y un bistec.*
Español de América › banana: *Es una bebida hecha con trozos de frutas de la época: **banana**, uva, piña, melón, naranja.*

Español de España › pimiento: *Basilio te prepara una cesta de tomates, **pimientos** y hortalizas.*
Español de América › chile: *Ellos comen con hambre albóndigas de liebre, carne con **chile** y papas, frijoles y tortillas de trigo.*

2 **En parejas** En cada grupo de palabras hay dos intrusos. Descúbrelos. Luego compara con tu compañero/a.

Bebidas			Utensilios		
con/sin alcohol	cerveza	con/sin hielo	botella	cuchillo	tenedor
con/sin gas	refresco	agua (mineral)	plato	taza	infusión
champán	cuchara	servilleta	vaso	zumo	copa

2.1 **Todo el grupo** ¿Qué alimentos y bebidas de las actividades 1 y 2 relacionas con algún tipo de celebración u ocasión especial?

3 **En parejas** Observa las imágenes. ¿Sabes cómo se llaman estas celebraciones? Escribe el nombre en cada imagen. Luego compara con tu compañero/a.

1

2

3

3.1 Fíjate ahora en las expresiones que presentamos y clasifícalas en su celebración correspondiente. Piensa en otras situaciones donde se pueden usar las expresiones que no puedes clasificar en estos contextos.

				Otras situaciones:
¡Muy bien!	☐	☐	☐	
¡(Muchas) Felicidades!	☐	☐	☐	
¡Enhorabuena!	☐	☐	☐	
¡Feliz cumpleaños!	☐	☐	☐	
¡Felices fiestas!	☐	☐	☐	
¡(Buena/Mucha) Suerte!	☐	☐	☐	
¡Buen viaje!	☐	☐	☐	
¡Felices vacaciones!	☐	☐	☐	
¡Buen provecho! ¡Que aproveche!	☐	☐	☐	

3.2 **Todo el grupo** Comparte tus resultados con el resto de la clase. ¿Coincidís?

3.3 [6] Escucha y relaciona cada diálogo con una celebración.

Diálogo 1	☐	☐	☐
Diálogo 2	☐	☐	☐
Diálogo 3	☐	☐	☐

3.4 [6] Escucha de nuevo y señala cuáles de las expresiones de 3.1 se han usado y si se corresponden con la celebración que has marcado previamente.

3.5 **Todo el grupo** ¿Cómo se felicita en tu idioma? ¿Cómo se desea suerte o se desea buen viaje? ¿Se parecen las expresiones a las que se usan en español?

Gramática

1 Comparativos

Cuando **comparamos** algo, podemos establecer tres grados:

- De **superioridad** (+) › *más... que*: *Laura es **más** morena **que** tú.*
- De **inferioridad** (-) › *menos... que*: *Hoy hay **menos** gente **que** ayer.*
- De **igualdad** (=) ›
  - *tan* + adjetivo + *como*: *Javi es **tan** alto **como** yo.*
  - *tanto-a-os-as* + nombre + *como*:
    *Hoy hace **tanto** calor **como** ayer.*
    *Tienen **tanta** hambre **como** yo.*
    *Sara no tiene **tantos** libros **como** Julia.*
    *Tengo **tantas** amigas **como** amigos.*
  - verbo + *tanto* + *como*
    *Mario gana **tanto como** yo.*

Hay cuatro comparativos de superioridad irregulares:

- + bueno › *mejor*: *Esta canción es **mejor** que la anterior.*
- + malo › *peor*: *Hoy el tiempo está **peor** que ayer.*
- + grande › *mayor*: *Mi madre es **mayor** que la tuya.*
- + pequeño › *menor*: *David es un año **menor** que nosotras.*

Fíjate:
Los comparativos *mayor* y *menor* se usan para referirse a la edad. Para comparar tamaños es más habitual usar *más grande/ más pequeño*:
*Tu casa es **más grande** que la de Juan, sin duda.*

1.1 **En parejas** Tres de estos estudiantes han escrito textos para practicar la comparación. Subraya las expresiones que usan para ello y señala quiénes han sido.

2. ....
Lena tiene el pelo más liso que Tina y casi tan largo como ella, yo lo tengo un poco más oscuro y más corto que ellas. Mi camiseta es más clara que la de John, pero menos que la de Tina. Sara es tan alta como yo, pero yo soy un poco más joven.

1. ....
Sara es más alta que yo. Ella es tan alta como Sam, quizá un poco más que él. Lena es más delgada que yo y también tiene el pelo más largo, pero yo lo tengo más rizado que ella y casi tan largo como Sara. Sam es más moreno que yo y también tiene más barba. Yo tengo muy poca.

3. ....
Eva tiene el pelo más claro que yo, yo lo tengo tan oscuro como Lena, pero un poco más largo que ella. Sam y Sara son un poco mayores que los demás y son también más altos que nosotros. John es tan alto como yo y Lena un poco más baja.

1.2 **Todo el grupo** Piensa en un/a compañero/a de la clase y escribe tres frases comparándolo/la con otros. Los demás tendrán que adivinar quién es.

+ ....

– ....

= ....

1.3 En diez años cambian muchas cosas. Piensa en tu vida y escribe una redacción de ochenta palabras explicando qué cosas son *más... que* antes, cuáles *menos... que* y qué es *tan... como* antes.

Ahora soy más tranquila que antes y tengo menos amigos que hace diez años, pero son mejores. Eso sí, ahora estudio tanto como entonces...

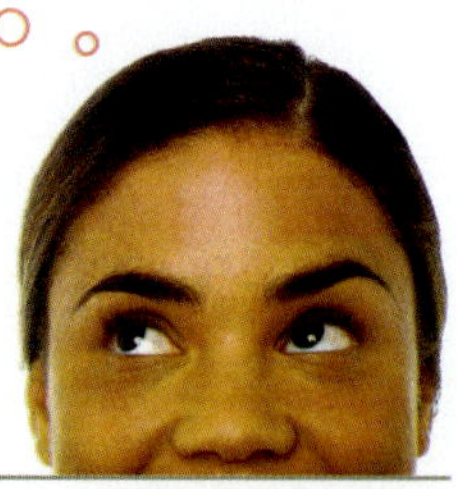

2 Contraste *ser* y *estar*

Usamos el verbo *ser* para hablar de las **características** que definen a las personas, las cosas y los lugares. Con el verbo *ser*:

- **Identificamos:**
  *David **es** mi profesor.* *Mi chaqueta **es** la azul.*
- **Describimos** personas, cosas y lugares:
  ***Eres** muy alta.*
  *La mesa **es** redonda y **es** de madera.*
- Describimos el **carácter** de las personas y la **calidad** de las cosas:
  ***Son** chicos inteligentes y serios.*
  *Esa película **es** muy buena.*
- Expresamos la **nacionalidad** y el **origen**:
  ***Soy** chileno, **soy** de Santiago.*
  *El ceviche **es** peruano.*
- Decimos la **profesión** y la ocupación:
  *Yo **soy** veterinaria, ¿tú qué **eres**?* ***Soy** estudiante.*
- Hablamos de las **relaciones personales** y de **pertenencia**:
  *Juan **es** mi primo y Ana y yo **somos** amigos.*
  *Este libro **es** de Raúl.*

Usamos el verbo *estar* para referirnos a **características temporales** o que se refieren a un estado. Con el verbo *estar* hablamos de:

- Estados **físicos**:
  *No **estoy** enfermo, **estoy** cansado.*
- Estados **de ánimo**:
  *Marta **está** muy contenta y Javi **está** nervioso.*
- Estado o situación **provisional**:
  ***Estoy** de vacaciones.*
- **Ubicación** y **posición**:
  *Juan **está** de pie, **está** a la derecha de Luis.*
- El **resultado** de una **acción**:
  *La puerta **está** cerrada.*

Fíjate:
Con algunos adjetivos, es posible usar *ser* o *estar*:
*El coche **es** nuevo./El coche **está** nuevo.*
(Con el verbo *estar*, el coche en realidad no es nuevo, solo lo parece).

2.1 [7] **Escucha estos tres diálogos, fíjate en las imágenes y señala de qué persona, de qué coche y de qué habitación hablan. Argumenta tu elección.**

Diálogo 1 A B C

Diálogo 2 A B C

Diálogo 3 A B C

2.2 **Todo el grupo** Piensa en algo que usas todos los días, cómo es y dónde está en este momento. Tus compañeros te harán preguntas con *ser* y *estar* hasta adivinar de qué se trata.

Practica en contexto

1 Muy pronto es el cumpleaños de tu profesor/a de español y, con tus compañeros, vas a organizarle una fiesta sorpresa. Lee antes este texto con ideas para la fiesta.

Una fiesta sorpresa siempre es una buena idea cuando queremos demostrarle a alguien que es especial para nosotros, pero es necesario organizarla muy bien para sorprender al protagonista de la celebración y a los invitados.

¿Qué tipo de fiesta?

Una fiesta temática siempre resulta mucho más divertida y original. Solo hay que elegir bien un tema relacionado con la persona a quien está dedicada la fiesta. Por ejemplo, si se trata de una profesora de Historia, todos los invitados pueden vestirse de personajes históricos y, también, es posible decorar el espacio donde pensamos celebrarla con motivos históricos.

¿Cómo decoramos la fiesta?

Podemos decorar el espacio de la fiesta con muchas cosas: globos, guirnaldas, etc. Una buena idea es coger fotografías del protagonista, de diferentes momentos de su vida, y formar con ellas su nombre o, si se trata de un cumpleaños, su edad. También se puede formar el nombre o la edad con globos o banderines.

¿Hacemos un *photocall*?

También puede ser muy divertido montar un pequeño *photocall* en un rincón y hacer en él fotografías a todos los invitados con el protagonista de la fiesta o levantar un pequeño escenario desde donde los invitados pueden dedicar palabras al homenajeado e, incluso, dedicarle alguna canción o montar un karaoke.

Expresar la opinión

- Para mí...
  Para mí, este plato es mejor que el que cenamos ayer.
- Creo, pienso + que
  ***Creo que** es una buena idea.*
  ***Pienso que** los globos son más bonitos que las guirnaldas.*
- ***Me parece*** + *que*/adjetivo/adverbio de valoración
  ***Me parece que** han suspendido las clases.*
  ***Me parece bien** lo que dices.*

Fíjate:
- ***Parecer*** se construye como el verbo ***gustar***:
  Me parecen bonitas tus fotos.
- Recuerda que ***pensar*** es irregular, cambia la ***e*** del infinitivo por ***ie***: *p**ie**nso, p**ie**nsas, p**ie**nsa, pensamos, pensáis, p**ie**nsan.*

1.1 **En parejas** Primero, vas a discutir con tu compañero/a tus preferencias. Compara las distintas opciones y decide con él/ella cómo quieres la fiesta. Fíjate en el ejemplo.

¿Tema de la fiesta?
¿Decoración con fotos, globos...?
¿*Photocall* o escenario?
¿Tapas o cena?
¿Música personal o festiva?
¿Regalo colectivo o individual?

Yo creo que un escenario es mucho más divertido que un *photocall* y que tomar tapas está tan bien como...

1.2 **En parejas** Escribe tus propuestas para la fiesta argumentándolas. Añade al menos una idea nueva que no esté en el texto que has leído antes.

....

....

....

....

¿Tapas o cena?

Debemos decidir si queremos hacer una fiesta con tapas y sándwiches y los invitados de pie, o si preferimos hacer una cena, con una gran mesa y los invitados sentados en sus sillas.

¿Qué música?

Otro aspecto importante en cualquier fiesta es la música: ¿elegimos un tipo de música que guste especialmente a la persona festejada o simplemente música festiva para crear un ambiente alegre y hacer bailar a la gente?

¿Qué regalo?

Y, por último, no hay que olvidar el regalo. ¿Queremos hacer un gran regalo colectivo entre todos los invitados o preferimos hacer pequeños regalos individuales?

1.3 **Todo el grupo** Presenta al resto de la clase tus propuestas y opina y reacciona expresando acuerdo o desacuerdo con las de tus compañeros.

1.4 **Todo el grupo** Después de discutirlo con la clase, ¿cuál va a ser el tema de la fiesta?

1.5 **Todo el grupo** Teniendo en cuenta el tema de la fiesta, señala las demás opciones elegidas.

- ☐ decoración con fotos .... ☐ con globos
- ☐ *photocall* .... ☐ escenario
- ☐ regalo colectivo .... ☐ individual
- ☐ cena .... ☐ tapas
- ☐ música festiva .... ☐ personal

1.6 **Todo el grupo** Vamos a empezar a organizar algunas cosas. Por ejemplo, ¿qué comidas y bebidas va a haber? ¿Y qué regalo o regalos va a recibir el/la profesor/a?

Hacer propuestas o sugerir planes

- **Vamos a...**
  Vamos a hacer la fiesta con muchos globos.
- **¿Por qué no...?**
  ¿Por qué no hacemos un regalo colectivo?
- **¿Qué tal si...?**
  ¿Qué tal si ponemos tapas variadas?
- **Lo mejor es..., ¿estás de acuerdo conmigo?**
  Lo mejor es contratar un cáterin, ¿estás de acuerdo conmigo?

Expresar acuerdo

- **Vale/Buena idea/Estoy de acuerdo. Yo también creo...**
  Vale. Nosotros también creemos que los globos son muy bonitos y decoran mucho.
- **Para mí también/tampoco...**
  Para mí también las tapas son la mejor opción. Sale más barato.

Expresar desacuerdo

- (Pues) (Yo) **No estoy de acuerdo contigo/con vosotros/con...**
- Cuando se expresa desacuerdo con una propuesta o sugerencia, es frecuente dar una alternativa:
  Yo no estoy de acuerdo con vosotros. Es mejor llevar unos sándwiches hechos de casa.

2 Imagina que estos son algunos de los invitados a la fiesta. Primero, lee las fichas con su información personal y complétalas con *ser* o *estar*.

Lara

[1] .... estudiante de Veterinaria, también [2] .... vegetariana y animalista. No [3] .... de acuerdo con las corridas de toros. A Lara le molesta la gente que usa el móvil cuando [4] .... con alguien. Lara [5] .... muy poco habladora.

Serge

[1] .... profesor de tenis y [2] .... estudiando chino en la universidad. [3] .... el más joven de todos. Serge [4] .... simpático, hablador y divertido. Le encantan las películas de terror, los animales y chatear con los amigos. [5] .... adicto al móvil.

Joseph

[1] .... hermano de Susan. [2] .... músico, tiene un grupo de rap. Además de curioso, Joseph [3] .... un chico muy nervioso y bromista, también [4] .... amante de los animales y del fútbol.

Eva

[1] .... estudiante de Arquitectura. Le interesan el arte, la música clásica y la literatura. Eva [2] .... una chica sociable y divertida, le gusta [3] .... en casa con los amigos y ver películas en la tele, sobre todo si [4] .... de terror.

2.1 **Todo el grupo** Comprueba con tus compañeros tus respuestas y, si es necesario, corrígelas.

2.2 **En parejas** Decide cuál es la mejor colocación de los invitados en esta mesa. Pon atención a sus afinidades y diferencias.

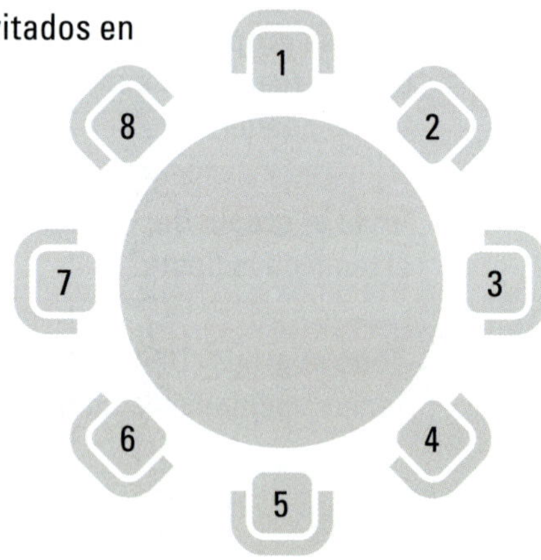

Contrargumentar o puntualizar

- **Sí, (es verdad,) pero...**
  - ▶ *Es una novela muy interesante.*
  - ▷ ***Sí, (es verdad,) pero** demasiado larga.*
- **Sí, (estoy de acuerdo,) pero...**
  - ▶ *Es un coche muy caro.*
  - ▷ ***Sí, (estoy de acuerdo,) pero** es más seguro que la mayoría.*

2.3 **Todo el grupo** Cuenta al resto de la clase cómo has ordenado a los invitados. Explica detalladamente tus razones.

Edgar está en la silla 1, entre Joseph y Eva. Creo que Joseph y Edgar están bien juntos porque a los dos les gustan los animales y el rap.

Susan

[1] .... hermana de Joseph. Hoy [2] .... enfadada con él porque [3] .... demasiado curioso y siempre lee su diario cuando ella no [4] .... en casa. Susan [5] .... muy habladora y [6] .... muy interesada en los deportes, sobre todo en el tenis y en el fútbol. Le encanta salir de fiesta y bailar.

Edgar

[1] .... fotógrafo y [2] .... de vacaciones en la ciudad. Edgar [3] .... tímido y poco hablador. Edgar [4] .... muy interesado en Eva. Para él, Eva [5] .... una chica muy interesante y simpática. A Edgar le gustan los animales y también el rap.

Kamal

[1] .... indio, [2] .... el novio de Silvia. Hoy [3] .... contento porque tiene entradas para ir a un concierto. [4] .... muy aficionado a la música clásica, también le gusta leer. No le gusta nada el fútbol ni tampoco salir a bailar.

Silvia

[1] .... la novia de Kamal. Ella [2] .... de un pueblo de Inglaterra. [3] .... una chica muy tranquila y seria, no le gustan nada las bromas. Silvia [4] .... pianista. Le encanta el fútbol y también le gustan las películas de terror.

2.4 **Todo el grupo** ¿Has coincidido en muchas posiciones con tus compañeros? Y tú, ¿entre qué dos invitados preferirías estar? ¿Por qué?

2.5 **En parejas** Lee las felicitaciones que han escrito estos invitados y corrige los errores. Recuerda que son estudiantes de español y que se trata de una fiesta de cumpleaños.

¡Feliz cumpleaños, profesor/a, soy muy contento de estar tu alumno!
Serge

Un año más, ahora eres un poco más viejo/a, pero todavía estás muy bien. 😊 ¡Felicidades!
Lara

¡Buen provecho! Tú estás una persona increíble. Gracias.
Edgar

Feliz cumpleaños y muchas gracias, porque aprendo contigo más que con otros profesores.
Eva

¡Enhorabuena! Estás mi profesor/a favorito/a.
Kamal

Felices fiestas, profe. Perdona mi español, tú ya sabes que estudio menos de los otros...
Silvia

¡Buena suerte, profe! Ahora eres tan viejo que yo. ☹ Ja, ja...
Joseph

Muchas felicidades y gracias por estar tan paciente con nosotros. Eres un/a profesor/a excelente.
Susan

2.6 **Todo el grupo** Por último, diseñad una gran tarjeta de felicitación para vuestro/a profesor/a. Las felicitaciones de la actividad anterior os pueden servir de modelo.

Feliz CUMPLEAÑOS

1 [8] Escucha la canción *Cumpleaños feliz* en distintos países hispanos. ¿Cómo es la canción en tu país? ¿Puedes cantarla?

Argentina

Que los cumplas feliz,
que los cumplas feliz,
que los cumplas, Roberto,
que los cumplas feliz.

España

Cumpleaños feliz,
cumpleaños feliz,
te deseamos todos
cumpleaños feliz.

México

Feliz cumpleaños a ti,
feliz cumpleaños a ti,
feliz cumpleaños,
querida Rosita,
feliz cumpleaños a ti.

2 ¿Sabes que el día que una persona cumple los años...

... en México la despiertan con la canción popular ***Las mañanitas*** y, en la fiesta, nunca falta la piñata?

... en España y Argentina le **tiran de las orejas** tantas veces como años cumple?

... en Puerto Rico, en cambio, **le tocan el brazo** el mismo número de veces?

... en Chile **la mantean**, es decir, la cogen de brazos y piernas y la levantan tantas veces como años cumple?

... en República Dominicana **le echan agua** encima para felicitarla?

... en Paraguay le llenan la cabeza de **harina y huevo** y le dan palmadas en la espalda?

2.1 **Todo el grupo** ¿Hay alguna tradición especial en tu país con relación a la fiesta de cumpleaños?

Los quince

3 Lee este artículo sobre una fiesta especial típica de los países hispanoamericanos.

En todos los países de Hispanoamérica, con excepción de Chile, se celebra la fiesta de los quince años, también llamada de los quince o de las quinceañeras.

Esta fiesta tiene lugar cuando una muchacha cumple quince años y es presentada en sociedad ya como una joven mujer. Se celebra, en definitiva, el paso de la infancia a la juventud de las chicas.

Es una fiesta a la que normalmente asisten decenas de invitados. Comienza cuando la quinceañera llega e inaugura el baile con un vals de la mano de su padre. Tras el baile, tiene lugar la cena y, a continuación, otro gran baile, que termina con la entrega de regalos.

Hay pequeñas variantes de un país a otro, pero en todos juegan un papel importante el baile, con música elegida por la festejada, y el llamativo vestido de princesa que viste la quinceañera.

En Bolivia el vestido suele ser blanco y en Ecuador, rosa, mientras que en México y en el Caribe son de diferentes colores, pero predominan los tonos pastel.

Últimamente se está poniendo de moda celebrar una fiesta de los quince también para los chicos. Vestidos de gala, bailan al son de su música favorita, reciben regalos y se organiza una gran fiesta.

3.1 **Todo el grupo** ¿Conoces alguna otra fiesta donde se celebre el paso de la infancia a la juventud? ¿De dónde es? ¿En qué consiste?

3.2 **Todo el grupo** Busca en internet información acerca del origen de la fiesta de los quince y compártela con tus compañeros.

HOSTAL Babel

Lo importante es la tarta

Antes del vídeo

1 **Todo el grupo** Fíjate en la imagen. Los inquilinos del hostal Babel están organizando una fiesta sorpresa. ¿Para quién crees que será? Justifica tu respuesta.

1.1 **En parejas** ¿Cuáles de estas cosas crees que necesitarán para la fiesta?

☐ quirnaldas ☐ globos ☐ tarta ☐ infusión ☐ ajo
☐ sándwiches ☐ cebolla ☐ platos desechables ☐ zanahoria ☐ refrescos

Durante el vídeo

2 ¿Por qué le hacen una fiesta? Señala uno de los tres motivos y luego visiona el fragmento 00:30 ▶ 00:56 para comprobar esta respuesta y la de la actividad 1.

1. ☐ Porque se va a casar.
2. ☐ Por su cumpleaños.
3. ☐ Porque va a ser madre.

3 Cada personaje se va a encargar de comprar algo distinto para la fiesta. ¿Qué crees que comprará cada uno? Relaciona cada imagen con uno de estos personajes: Tere, Leo, Carla o Hugo.

1 ....

2 ....

3 ....

4 ....

5 ....

6 ....

4 Visiona ahora el fragmento 00:57 ▶ 03:50 y comprueba si has acertado.

5 **Todo el grupo** Visiona el último fragmento 03:27 ▶ final y escribe por qué Leo le dice a Hugo que va a ser la alegría de la fiesta y en qué tono se lo dice. Luego compara con tus compañeros. ¿Estáis de acuerdo?

....

....

Después del vídeo

6 **En parejas** Fíjate en la imagen: Hugo y Leo usan palabras diferentes para referirse a esta misma bebida. ¿Qué palabra usa cada uno y por qué lo dicen de distinta manera?

Hugo: ....

Leo: ....

7 En muchas culturas, cuando dos conocidos hablan, no existe ningún tipo de contacto físico, pues se considera poco respetuoso o agresivo. ¿Piensas que es así en la cultura hispana?

7.1 Visiona de nuevo la secuencia 01:55 ▶ 02:05. ¿En tu cultura los gestos de Hugo y de Leo son normales entre amigos o pueden parecer inapropiados?

8 Leo hace dos veces este gesto con el dedo (en 01:39 y 03:37). ¿Crees que en los dos casos expresa lo mismo? Explícalo.

9 Al comienzo del vídeo, Hugo pregunta la edad de Bea y Tere le responde diciendo que eso no se pregunta (fragmento 01:08 ▶ 01:21). En España, es de mala educación preguntar la edad a las personas, sobre todo a partir de los 40 años. ¿En tu país es igual?

10 ¿Alguna vez te han hecho una fiesta sorpresa o has participado en una? ¿Cómo fue? Cuéntaselo a tus compañeros.

Evaluación

1 Completa las palabras con las vocales que faltan.

Q........S....

C....B....LL....

M....NZ....N....

L....CH....G....

H....L....D....

....RR....Z

Z....N....H....R........

P....N

2 Relaciona el nombre de cada utensilio con su significado.

1. plato
2. taza
3. tenedor
4. cuchillo
5. botella
6. vaso
7. copa
8. servilleta
9. cuchara

a. Solemos usarla para tomar café o té.
b. Es donde servimos las bebidas como el agua.
c. Puede ser de tela o de papel y la usamos para limpiarnos cuando comemos.
d. Normalmente es redondo y lo usamos para servir los alimentos.
e. Es un recipiente que sirve para contener líquidos y bebidas.
f. En este objeto se sirven bebidas como el vino o el champán y también algunos helados.
g. La usamos para tomar alimentos líquidos y llevarlos a la boca.
h. Instrumento que utilizamos para comer alimentos sólidos sin tocarlos con las manos.
i. Objeto que empleamos para cortar alimentos como la carne o la fruta.

3 ¿Qué solemos decir en español cuando queremos expresar un buen deseo en estas situaciones?

1. A alguien que está comiendo. ....
2. A alguien que se casa. ....
3. En Navidad. ....
4. A alguien que se va de viaje. ....
5. A alguien que va a hacer un examen. ....
6. A alguien que se va de vacaciones. ....

4 Escucha los diálogos y completa con ejemplos.

[9]

Formas usadas para...	Ejemplos
expresar la opinión	
hacer propuestas y sugerir planes	
expresar acuerdo	
expresar desacuerdo	
contrargumentar o puntualizar	

5 **Observa la imagen y escribe una redacción respondiendo a las preguntas que tienes a continuación.**

- ¿Cómo es el salón?
- ¿Qué cosas hay en él?
- ¿Cómo son?
- ¿Dónde están?
- ¿Quiénes son las personas?
- ¿Cómo son?
- ¿Dónde están?
- ¿Cómo están?

6 **Haz comparaciones usando *ser* o *estar* con los adjetivos propuestos. Fíjate en el ejemplo.**

Ejemplo: *rubio/a* › *La niña es **más** rubia **que** el niño.*

1 

joven ⊖ ....

2 

enfermo/a ⊜ ....

3 

grande ⊕ ....

4 

moderno/a ⊖ ....

5 

enfadado/a ⊕ ....

6 

sucio/a ⊖ ....

7 

bueno/a ⊕ ....

8 

abierto/a ⊖ ....

9 

cansado/a ⊜ ....

7 **Marca si estas informaciones son verdaderas o falsas.**

1. En Argentina le tiran de las orejas al que cumple años. .... V F
2. En México mantean al cumpleañero. .... V F
3. En Puerto Rico despiertan al cumpleañero cantando *Las mañanitas*. .... V F
4. En Chile no se celebra la fiesta de los quince. .... V F
5. La fiesta de los quince empieza siempre con un vals. .... V F
6. La quinceañera asiste a la fiesta vestida de novia. .... V F

Unidad

3

Piensa en tu último viaje...

¿Adónde fuiste?

¿Cuánto tiempo?

¿Qué tipo de viaje fue?

Viajes con encanto

En esta unidad vas a...

- Narrar acciones terminadas sin relación con el momento presente
- Describir la preparación y las acciones realizadas durante un viaje
- Aprender léxico relacionado con los viajes
- Conocer la historia de los moáis

¿Qué sabes?

1 **En parejas** ¿Sabes cómo se llaman estos objetos en español? Escribe su nombre y cuéntale a tu compañero/a cuáles están relacionados con tu último viaje.

1 ....

2 ....

3 ....

4 ....

5 ....

6 ....

7 ....

8 ....

9 ....

2 **En parejas** Estos son algunos marcadores temporales que sirven para situar las acciones temporalmente. Ordénalos en una línea de tiempo.

hoy | ayer | mañana | el mes pasado | anoche
el año pasado | anteayer | la próxima semana

hoy

PASADO	PRESENTE	FUTURO

2.1 **Todo el grupo** ¿Conoces otros marcadores temporales de pasado? Añádelos a la línea de tiempo anterior.

RAE **LÉXICO**
Español de América › antier:
Salí de Londres hace tres semanas. ***Antier*** *tocamos La Habana y hoy llegamos por fin al puerto de Campeche, lugar tan remoto y exótico para mí.*

3 **En grupos pequeños** Observa estas imágenes y las frases que las acompañan. ¿Cuáles te recuerdan a tus últimos viajes? ¿Qué hiciste? ¿Cuándo?

Viajé a una gran ciudad.

Viajé en coche.

Visité un museo.

Hablé otro idioma.

Fui a esquiar.

Paseé por el campo.

Tomé el sol en la playa.

Fui a un concierto.

Probé la comida típica.

Hice escalada/montañismo.

Palabras

1 **En parejas** Relaciona las siguientes palabras con su imagen correspondiente. ¿Con qué parte de un viaje las relacionas?

hotel | albergue | guía de viaje
billete de avión | seguro de viaje | equipaje

1 ....

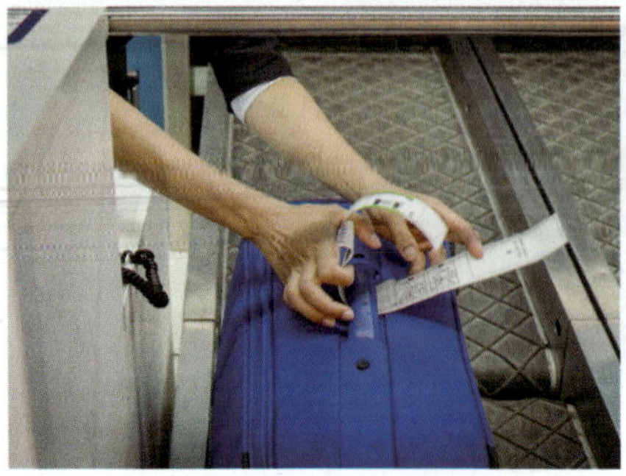

2 ....

3 ....

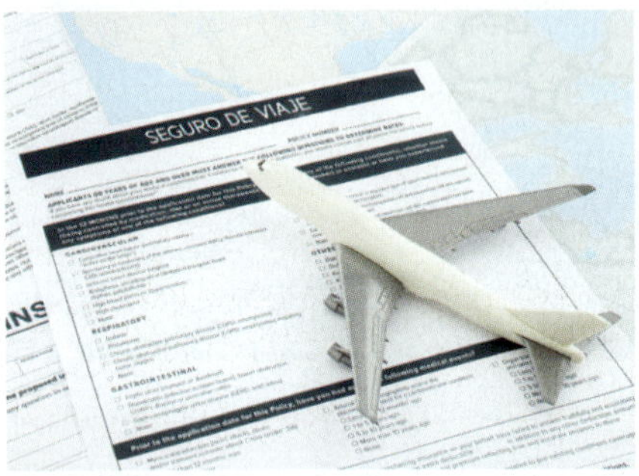

4 ....

5 ....

6 ....

RAE

LÉXICO

Español de España › reservar:
*Han **reservado** habitación en el hotel Duchessa Isabella.*
Español de América › (hacer una) reservación:
*Ella se va a encargar de las **reservaciones** en los hoteles, del contrato de alquiler, del seguro, todo a nombre tuyo y de Bini.*

1.1 **En parejas** Relaciona las dos columnas.

1. Reservar
2. Sacar
3. Consultar
4. Buscar
5. Contratar
6. Facturar

a. información.
b. el seguro de viaje.
c. el billete de avión.
d. el equipaje.
e. hotel/albergue.
f. la guía de viaje.

1.2 [10] A continuación tres personas van a hablar de la preparación de su último viaje. Escucha con atención y marca la opción correcta.

	1	2	3
a. Hotel con pensión completa	☐	☐	☐
b. Hotel con media pensión	☐	☐	☐
c. Albergue	☐	☐	☐
d. Reserva con antelación	☐	☐	☐
e. Seguro de viaje	☐	☐	☐
f. Equipaje de mano	☐	☐	☐

- **Pensión completa (PC)** › Alojamiento con el desayuno y las dos comidas principales incluidas (comida y cena).
- **Media pensión (MP)** › Alojamiento que incluye el desayuno y una de las comidas principales (comida o cena).
- **Todo incluido (TI)** › Alojamiento y comida y bebida sin límite.

2 **En grupos pequeños** Varios amigos están pensando en irse de viaje y han formado un grupo de WhatsApp para organizarse. Lee la conversación y escribe debajo, junto a cada verbo, las palabras o expresiones que lo acompañan.

Marta: ¡Chic@s! ¿Por qué no nos vamos en junio a los Pirineos? ¡Tengo tantas ganas de hacer excursiones por la montaña!...

Pablo: ¡Marta! La última vez ya estuvimos en la sierra. ¿Y si pasamos una semana en la playa? Allí podemos tomar el sol, bañarnos y alquilar una tabla de surf... ¡Vamos!

Ana: ¡Siempre lo mismo! Para vosotros solo existe campo o playa. Yo pensé en ir a alguna ciudad de Europa, como París o Ámsterdam, recorrer la ciudad a pie y visitar museos y exposiciones. ¿Qué os parece?

Rafa: Ana, la ciudad la recorremos en autobús. Ya sabes que yo me canso enseguida.

Pablo: Vale, Ana. ¡Tú ganas! ¿Reservamos el billete de avión? Vamos en avión, ¿verdad?

Marta: De acuerdo, Ana. Yo prefiero ir a París, no la conozco. ¿Vamos en tren mejor? ¡Venga, chic@s! Así podemos contemplar el paisaje.

Rafa: ¡Marta y la naturaleza! Vale, vale... ¡Vamos a París! ¿Cuántos días nos quedamos? ¿Cinco? ¡Más días no, por favor!

Ana: ¡Nos vamos a París! ¡Qué alegría! Busco hotel por internet y hago la reserva, ¿o preferís alojaros en un albergue?

- Pasar: ....
- Visitar: ....
- Reservar: ....
- Ir(se): ....
- Contemplar: ....
- Alquilar: ....
- Recorrer: ....
- Buscar: ....
- Alojarse: ....
- Hacer: ....

2.1 **En grupos pequeños** Piensa en otras palabras o expresiones relacionadas con los viajes que puedan ir acompañadas de los verbos anteriores y añádelas a la lista.

Ejemplo: *Reservar: mesa en un restaurante/ Alojarse: en un hotel...*

2.2 **Todo el grupo** ¿Qué tipo de viaje realiza el grupo de amigos de la actividad 2? ¿Qué imagen de las siguientes lo representa mejor? ¿Qué otro tipo de viajes se pueden hacer?

1

2

3

4

Gramática

> Fíjate:
> Las terminaciones del pretérito indefinido para los verbos en *-er* y en *-ir* son iguales.

> Fíjate:
> Muchas veces, la tilde es la única marca que permite diferenciar formas verbales:
> *viajo* (presente de indicativo, *yo*)
> *viajó* (pretérito indefinido, *él, ella, usted*)

1 Pretérito indefinido regular

- El **pretérito indefinido** es un tiempo verbal de **pasado**. Las formas regulares tienen las siguientes terminaciones:

	Viajar	Comer	Vivir
yo	viajé	comí	viví
tú	viajaste	comiste	viviste
él, ella, usted	viajó	comió	vivió
nosotros/as	viajamos	comimos	vivimos
vosotros/as	viajasteis	comisteis	vivisteis
ellos, ellas, ustedes	viajaron	comieron	vivieron

- La persona ***nosotros/as*** en los verbos en *-ar* e *-ir* coincide con el presente de indicativo:

  *Siempre **viajamos** en avión, pero el año pasado **viajamos** en tren a Barcelona.*

  *De pequeños **vivimos** en Sevilla durante unos años, pero ahora **vivimos** en Madrid.*

1.1 Escribe el pretérito indefinido de estas formas de presente.

1. llamo ....
2. abres ....
3. baila ....
4. invitamos ....
5. viven ....
6. rompes ....
7. estudiáis ....
8. escribes ....
9. saludáis ....
10. bebemos ....
11. canto ....
12. salimos ....

2 Pretérito indefinido irregular

- Algunos de los verbos más comunes son irregulares en pretérito indefinido:

	Ser/Ir	Tener	Hacer	Estar	Dar
yo	**fui**	**tuve**	**hice**	**estuve**	**di**
tú	**fuiste**	**tuviste**	**hiciste**	**estuviste**	**diste**
él, ella, usted	**fue**	**tuvo**	**hizo**	**estuvo**	**dio**
nosotros/as	**fuimos**	**tuvimos**	**hicimos**	**estuvimos**	**dimos**
vosotros/as	**fuisteis**	**tuvisteis**	**hicisteis**	**estuvisteis**	**disteis**
ellos, ellas, ustedes	**fueron**	**tuvieron**	**hicieron**	**estuvieron**	**dieron**

- Los verbos ***ser*** e ***ir*** comparten la misma forma en el pretérito indefinido:

  *Mi abuelo **fue** un médico muy conocido./El año pasado Ana **fue** a Egipto.*

2.1 **En parejas** Observa las fotografías y escribe frases usando las formas irregulares de los verbos anteriores.

1 
El niño ....

2 
Miguel ....

3 
Ana y yo ....

4 
Mis amigos ....

3 Uso del pretérito indefinido

- El pretérito indefinido expresa **acciones terminadas** que se desarrollan en un **tiempo pasado** que no tiene relación con el presente:

  *Mis padres **se conocieron** en Argentina en 1970.*

  *El año pasado **viajé** por toda Europa durante dos meses.*

- Algunos **marcadores temporales** frecuentes que se usan con el pretérito indefinido son *anoche, ayer, anteayer, el otro día, la semana pasada, el mes/año pasado...*:

  ***Ayer** cené en un restaurante japonés.*

  ***El otro día** estuve con Ana en una fiesta.*

> ***El otro día*** se refiere a un momento indeterminado del pasado cercano o reciente. Se usa cuando no es importante situar de manera exacta en el tiempo una acción pasada.

3.1 [11] **La semana pasada fue muy intensa para Luis. Observa las fotos, utiliza tu imaginación y escribe qué hizo cada día. Luego escucha el audio, comprueba tus respuestas y corrígelas en caso necesario.**

lunes

martes

miércoles

jueves

viernes

sábado

domingo

1. El lunes pasado ....
2. El martes ....
3. El miércoles ....
4. El jueves ....
5. El viernes ....
6. El sábado ....
7. El domingo ....

3.2 **En parejas** **¿Qué hizo tu compañero/a la semana pasada? Pregúntale y toma notas.**

Ejemplo: ▶ *¿Qué hiciste el lunes?*

▷ *El lunes por la mañana me levanté temprano y fui a clase...*

Practica en contexto

1 **En parejas** ¿Qué tipo de turismo prefieres? ¿De naturaleza, urbano, cultural...? Lee este blog de viajes. Después elige un lugar y explica a tus compañeros por qué lo has elegido.

Fíjate:
En las referencias temporales usamos la palabra ***hace*** cuando la acción sucedió dos o más días, semanas, meses o años atrás:
*La semana pasada fui a Londres./**Hace** dos semanas fui a Londres.*

Noruega. Auroras boreales

Hace un año realicé un viaje a Noruega. Por primera vez visité el círculo polar ártico. Harstad, un pequeño pueblo pesquero situado 250 kilómetros al norte del círculo polar, se convirtió en el escenario de mi primer encuentro con las auroras boreales. Me alojé en un iglú a los pies de un precioso fiordo. Cenando, casi sin darme cuenta, el cielo empezó a teñirse de verde e incontables auroras, una tras otra, empezaron a bailar sobre mi cabeza. Aquella noche pude darme cuenta de lo afortunada que fui por poder viajar allí.

España, mi país

El año pasado decidí, después de muchos años viajando por Europa, descubrir mi propio país, España. Viajé por ciudades de gran importancia turística como Toledo, Córdoba o Barcelona. Paseé por rincones de capitales de provincia menos conocidas, pero que resultaron ser muy bellas: Zaragoza, Murcia, Zamora, Valladolid, Jaén, Cuenca... Además, tuve la oportunidad de conocer algunas joyas monumentales y culturales: la basílica de Covadonga o el Monasterio de Piedra. Fue emocionante empezar a conocer mi propio país.

Jordania. Una maravilla del mundo

El año pasado para nosotros fue un año viajero difícil de olvidar. El lugar más increíble que visitamos fue Jordania. Primero estuvimos en Jerash, la Roma de Jordania, que es una ciudad llena de historia. Después fuimos a Wadi Rum, el desierto rojo, ¡fue una aventura inolvidable! Un recuerdo fascinante es el baño que nos dimos en el mar Muerto. También visitamos Amán, la capital, y Petra, la gran ciudad de Petra, una de las siete maravillas del mundo, un lugar que nos emocionó.

2 **Todo el grupo** Javier y Marta hablan de su mejor viaje. Mira las fotos; ¿sabes dónde estuvo cada uno?

2.1 Escucha cómo explican su viaje y completa la ficha según la información.

[12]

	Javier	Marta
1. Destino		
2. Duración		
3. Lugares visitados		
4. Características de los lugares		
5. Características de los habitantes y costumbres		
6. Las mejores impresiones o recuerdos		

Señalar el comienzo y el final de una acción

- Para señalar el comienzo o inicio de una acción se utiliza ***empezar*** + ***a*** + infinitivo:
  __Empecé a__ trabajar en la empresa en septiembre del año 2015.
- Para indicar el principio de un recorrido o el momento en el que comienza algo, se utiliza ***desde***:
  Estoy aquí __desde__ noviembre del año pasado.
  __Desde__ casa tardo cinco minutos en llegar al trabajo.
- Para indicar el final de un recorrido o el momento en el que termina algo, se utiliza ***hasta***:
  Desde Madrid __hasta__ Barcelona hay más de 600 kilómetros de distancia.
  Me quedo en España __hasta__ final del verano.

3 **En parejas** Ahora explica a tu compañero/a cuál fue tu mejor viaje.

Ejemplo: *Mi mejor viaje fue a Chile. Empecé a prepararlo seis meses antes y estuve allí dos meses, desde junio hasta agosto...*

3.1 Ahora escribe en tu cuaderno una entrada de blog explicando tu viaje.

Puedes ayudar a tu compañero/a haciéndole preguntas:

¿Cómo organizaste el viaje?
¿Dónde buscaste información?
¿Cuándo empezaste a prepararlo?
¿Por qué elegiste ese destino?
¿Cuánto tiempo estuviste de viaje?
¿Qué medios de transporte utilizaste?
¿Qué ciudades o lugares visitaste?
¿Cuál es el mejor recuerdo?

4 **Todo el grupo** ¿Sabes qué es el turismo creativo? Lee el siguiente texto y responde a las preguntas.

El turismo creativo consiste en viajar con el fin de aprender y desarrollar el potencial creativo en el entorno de la cultura del lugar que se visita.
El turista creativo necesita interactuar con la población local y vivir experiencias propias de sus habitantes, realizando actividades que permiten descubrir las costumbres, la gastronomía, los hábitos, etc., del destino elegido, y compartirlas con sus habitantes.

1. ¿Tú eres un turista creativo? ¿Por qué?
2. ¿Aprender la lengua del país que se visita es hacer turismo creativo? ¿Por qué?

RAE

COMUNICACIÓN

En el español de América (Bolivia, Chile, Ecuador, México, Nicaragua, Paraguay, Perú y Uruguay) la palabra onda se usa en diferentes expresiones coloquiales muy modernas que se han extendido mucho entre los jóvenes, aunque también los mayores están comenzando a usarlas. Estas son las más usuales:

› la onda es… *(lo importante es)*:
La onda es ser feliz.

› ¿Qué onda? *(Hola, ¿cómo estás?; ¿Qué haces?; ¿Qué pasa?)*:
¿Y qué onda, por qué no estás jugando?

› tener alguien buena/mala onda ('tener una actitud positiva/negativa, ser una persona que se lleva bien/mal con otras personas'): *Bueno… siempre tuvimos buena onda vos y yo.*

› ¡Qué onda (tienes/tenés)! (Referido a la ropa moderna que lleva una persona): *Vos siempre a la última moda. ¡Qué onda tenés!*

Español de España › estar en la onda ('estar al corriente de las últimas tendencias'):
Viste a la última y está en la onda de todos los asuntos políticos.

4.1 **En parejas** Daniel es un turista creativo. Aquí explica cómo descubrió esta forma de turismo. Lee el texto y escribe los verbos en la forma adecuada del pretérito indefinido.

Casa Batlló

Un día me [1] .... (decir) a mí mismo: yo quiero hacer un viaje diferente, sin límites de tiempo. Y [2] .... (ser) lo más grande que me he planteado en 31 años. [3] .... (Decidir) dejar mi trabajo temporalmente para vivir la vida y conocer el mundo, en contra de la opinión de mis familiares. Pero, como me [4] .... (decir) un buen amigo argentino, "Aquí la onda es ser feliz".

[5] .... (Irse) a Barcelona. [6] .... (Visitar) la ciudad y [7] .... (interesarse) por la arquitectura modernista. Así que [8] .... (apuntarse) a un curso sobre el modernismo y [9] .... (quedarse) un tiempo. [10] .... (Alquilar) una habitación en casa de una familia y [11] .... (compartir) unos meses de mi vida con ellos. [12] .... (Aprender) mucho sobre el modernismo, pero también sobre el modo de vida de la cultura mediterránea. Entonces [13] .... (descubrir) lo que es el turismo creativo y desde aquel momento siempre acumulo vacaciones para vivir experiencias similares en otros países.

Fíjate:

- *Ir* es 'moverse de un lugar a otro, desplazarse a un lugar':
  Voy a casa en coche.
  Fui a Argentina el año pasado.
- *Irse* es 'abandonar un lugar':
  Me fui de la fiesta a las once.

4.2 **En grupos pequeños** Elabora un listado de actividades para hacer en un viaje creativo. Después coméntalo con tus compañeros. ¿Cuáles son las más originales? ¿Hiciste alguna en tus viajes?

5 Lee la anécdota que cuenta Rosa de su viaje a Guanajuato. Ordena los párrafos y compara los resultados con tu compañero/a.

- ☐ Pues bien, desde nuestro viaje a Guanajuato no se han vuelto a quejar y es porque en ese viaje alquilamos un coche para poder visitar la ciudad, ya que nuestro hotel estaba lejos del centro.
- ☐ Después de visitar la ciudad, muy cansados, regresamos a buscar el coche para volver al hotel. No fue fácil...
- ☐ En un momento de desesperación, me senté en una acera y me puse a repasar las fotografías que hice ese día. Se me ocurrió ir hacia atrás para así recorrer fotográficamente el camino que hicimos y por fin encontré una foto con el nombre de la calle.
- ☐ Evidentemente mi familia no se volvió a quejar de mi afición por la fotografía y ahora estoy obligada a hacer una foto siempre que aparcamos.
- ☐ Estuvimos más de una hora dando vueltas para encontrarlo, ya que todas las calles nos parecían iguales. ¿Y cómo lo encontramos?
- ☐ Cuando llegamos, mi padre buscó aparcamiento y al final, después de media hora, dejamos el coche en un callejón muy cerca del teatro Juárez y todos salimos del coche.
- ☐ Jamás olvidaré mi viaje de hace seis años a Guanajuato, México. Nadie de mi familia quería ir de viaje conmigo porque me gusta hacer muchas fotos y les hago parar cada cinco minutos.

5.1 [13] Escucha y comprueba tu respuesta anterior.

5.2 **En parejas** Lee la anécdota de Rosa. Tu compañero/a debe reaccionar adecuadamente.

5.3 **En parejas** Explícale una anécdota a tu compañero/a y reacciona a la suya con gestos y palabras.

Reaccionar en una conversación

Para mantener una conversación es importante reaccionar ante lo que los otros nos dicen y mostrar empatía. Estas son algunas de las frases más comunes:

- Mostrar **alegría**:
  - ¡Qué bien/suerte/buena noticia!
- Mostrar **fastidio o pena**:
  - ¡Qué pena/horror/lástima!
  - ¡Vaya, hombre!
- Mostrar **alivio**:
  - ¡Menos mal!
  - ¡Qué alivio/descanso!
- Mostrar **sorpresa**:
  - ¡No me digas!
  - ¿De verdad?
  - ¿En serio?

Cuenta la leyenda...

1 **En grupos pequeños** ¿Sabes cómo se llaman y dónde se encuentran estas gigantescas estatuas?

1.1 **En parejas** Lee su historia, comprueba tus respuestas anteriores y completa la ficha. Luego compara la información con tu compañero/a.

Los moáis, las gigantescas estatuas de la isla de Pascua, isla de Chile situada en el triángulo de la Polinesia, son la expresión más importante del arte escultórico de la etnia rapanuí.

El nombre completo de sus estatuas en su idioma local es *moai aringa ora*, que significa 'rostro vivo de los ancestros'. Los rapanuís construyeron estos gigantes de piedra para representar a sus antepasados importantes con el fin de que, después de muertos, extendieran su *mana* o poder espiritual sobre la tribu para protegerla.

La altura media de los moáis es de unos 4.5 metros, la mayoría pesa aproximadamente 5 toneladas y hay de 30 a 40 estatuas que pesan más de 10. Varios estudios han contabilizado 58 moáis con un extraño sombrero de color rojo sobre la cabeza. Esos sombreros reciben el nombre de *pukao*, tienen forma cilíndrica y están hechos de escoria roja (material de origen volcánico) procedente de la cantera del volcán Puna Pau. Se cree que representan el pelo recogido en un moño y teñido de ocre, tal como era la costumbre polinésica y que aún puede observarse.

Se han registrado unos 900 moáis en la isla de Pascua. De estos, unos 400 se encuentran en la cantera del volcán Rano Raraku, 288 asociados a los *ahu* (plataforma ceremonial) y el resto dispersos en distintos puntos de la isla.

Adaptado de https://imaginaisladepascua.com/la-isla-de-pascua/cultura-rapa-nui/moais/

1. Nombre de la etnia que construyó los moáis.
   ....
2. Nombre completo de las estatuas en su idioma local y su significado.
   ....
3. ¿Qué es el *mana*?
   ....
4. Peso y altura media de un moái.
   ....
5. ¿Cuántos moáis hay en la isla de Pascua?
   ....
6. ¿Qué es un *pukao*?
   ....
7. ¿Qué se cree que representa el *pukao*?
   ....
8. ¿En qué zona de la isla de Pascua están situados la mayor parte de los moáis?
   ....

También debes visitar:

- El jardín botánico Tau Kiani, con más de 1200 variedades de plantas, construido en madera y roca volcánica. Tiene 5000 m^2 de extensión.
- Pu o Hiro, al norte de la isla, instrumento musical tallado en una enorme piedra; una especie de trompeta que era usada en ceremonias rituales.
- El moái Ahu Huri a Urenga, situado en el interior de la isla, y que es el único que tiene dos pares de manos.
- La cima del volcán Poike. Puedes subir a pie y ver una enorme cabeza de piedra llamada Vai a Heva, que se cree fue utilizada para recoger agua de lluvia.

HOSTAL Babel

Fotos y más fotos

Antes del vídeo

1 **Todo el grupo** Hugo y Tere pasaron sus vacaciones en diferentes lugares de España. Teniendo en cuenta sus personalidades, ¿quién crees que estuvo en el norte y quién en el sur? Justifica tu respuesta.

2 **En parejas** Lee las siguientes palabras e identifícalas con uno de estos viajes.

1. Viaje al norte de España.
2. Viaje al sur de España.
3. Ambos.

☐ País Vasco | ☐ Cádiz | ☐ montaña | ☐ concierto
☐ agua fría | ☐ nieve | ☐ Sevilla | ☐ tienda de campaña
☐ rocas | ☐ mar | ☐ playa | ☐ fiesta

3 **En parejas** Con la información anterior, imagina y describe brevemente los viajes de Hugo y Tere. ¿Adónde fueron primero? ¿Qué hicieron? ¿Les gustó el viaje?

Durante el vídeo

4 Visiona el fragmento 00:30 ▸ 03:45, comprueba si tus respuestas anteriores son correctas y corrígelas en caso necesario.

5 **En parejas** Lee el diálogo del vídeo y complétalo con los siguientes verbos en pretérito indefinido. Luego visiona el fragmento 00:30 ▸ 01:48 y comprueba tu respuesta.

recorrer | nadar | tomar | subir | ser (2) | salir | secarse (2)
estar (2) | correr | hacer | bañarse | terminar | comenzar | saltar

Hugo: Y esta foto la [1] .... en la Catedral de Santiago de Compostela.
Tere: Entonces [2] .... toda la costa norte de España, ¿no?
Hugo: Entera. [3] .... en el País Vasco y [4] .... en Galicia.
Leo: ¿Y esta? ¿Dónde la [5] ....?
Hugo: En Asturias.
Leo: ¡Pero si estás en bañador! ¿En la playa?
Hugo: Sí, [6] .... en el mar y [7] .... un buen rato.
Tere: ¿En el mar? ¿En pleno invierno?
Hugo: Claro. Me gusta bañarme en el agua fría.

Leo: ¿Fría? ¡Querrás decir superfría!
Hugo: Claro, superfría. Es muy bueno para el cuerpo, ¿eh?
Leo: ¡Tú eres un poco raro!
Hugo: Ja, ja, ja... ¡Mira quién lo dice!
Tere: Seguro que no [8] .... muy agradable nadar en el mar tan frío.
Hugo: ¿Que no? Miren esta foto... [9] .... a esta roca y salté al mar. ¡[10] .... increíble!
Leo: ¿[11] .... al mar desde ahí?
Hugo: Sí, y luego [12] .... un buen rato nadando. Y cuando [13] .... del agua [14] .... un rato corriendo por la playa para que se me secara el cuerpo.
Tere: ¿[15] .... sin toalla ni nada?
Hugo: Sin toalla; solo [16] .... por la arena hasta que [17] .... completamente.

6 Clasifica las formas verbales anteriores en la columna correspondiente.

Formas regulares	Formas irregulares

7 Visiona todo el episodio y responde a las siguientes preguntas.

1. ¿Cuál fue el mayor problema que tuvo Hugo en el norte de España? Explícalo brevemente. ....
2. ¿Dónde durmió la mayoría de las noches Tere durante su viaje? ....
3. ¿Tuvieron alguna vivencia similar Hugo y Tere durante sus viajes? ¿Cuál? ....
4. ¿Dónde pasó sus vacaciones Leo? ....

Después del vídeo

8 Después de escuchar a Hugo y a Tere, ¿cómo crees que es el norte de España? ¿Y el sur? Escribe tres características de cada lugar.

Norte	Sur
1.	1. ....
2.	2. ....
3.	3. ....

9 **En parejas** ¿Cuál de los dos viajes te gustaría hacer? ¿Por qué?

10 **Todo el grupo** ¿Cómo son el norte y el sur de tu país? ¿Son muy diferentes? ¿A cuál de los dos lugares te gusta viajar más? ¿Por qué?

Evaluación

1 Escribe el nombre de estos objetos debajo de cada imagen.

1. ....

2. ....

3. ....

4. ....

5. ....

6. ....

2 Relaciona las dos columnas.

1. Facturar el equipaje.
2. Hotel con pensión completa.
3. Hotel con media pensión.
4. Equipaje de mano.
5. Guía de viaje.
6. Albergue.

a. Alojamiento.
b. Además del alojamiento y el desayuno, incluye una comida más: la comida del mediodía o la cena.
c. Registrar las maletas para trasladarlas en el avión.
d. Libro informativo sobre un país o ciudad.
e. Además del alojamiento, incluye todas las comidas.
f. Maleta o bolso que se puede llevar en el avión.

3 Completa la tabla con la forma adecuada del verbo en pretérito indefinido.

	Cantar	Beber	Escribir	Ser/Ir	Dar	Tener
yo						
tú						
él, ella, usted						
nosotros/as						
vosotros/as						
ellos, ellas, ustedes						

4 ¿Cuáles de las formas anteriores coinciden con las del presente de indicativo?

....

5 ¿Para qué se utiliza el pretérito indefinido? Explícalo con tus palabras y pon un ejemplo.

....

....

....

Ejemplo: ....

6 Escucha con atención y señala qué hizo Estela ayer.

[14]

7 ¿Y tú?, ¿qué hiciste ayer? Descríbelo brevemente.

....

....

....

....

8 ¿Te han parecido difíciles los textos de esta unidad?

☐ Mucho ☐ Bastante ☐ Un poco ☐ No

¿Has usado algún recurso de aprendizaje para hacer las tareas de comprensión lectora? ¿Cuál?..

Explica en qué consiste:..

....

9 Indica cuáles de las siguientes afirmaciones son verdaderas.

1. ☐ Los rapanuís construyen los gigantes de piedra para honrar a sus muertos.
2. ☐ El *mana* es el material con el que se construyeron las estatuas.
3. ☐ Todas las estatuas pesan más de 10 toneladas.
4. ☐ El *pukao* es una especie de sombrero que representa el peinado típico de los polinesios.
5. ☐ En la isla de Pascua hay un volcán.

Unidad

4 Hemos conectado

¿Qué te sugieren el título de la unidad y la imagen principal?

Fíjate en las otras fotografías; ¿has hecho recientemente alguna de estas cosas?

¿Qué es lo más interesante que has hecho esta semana?

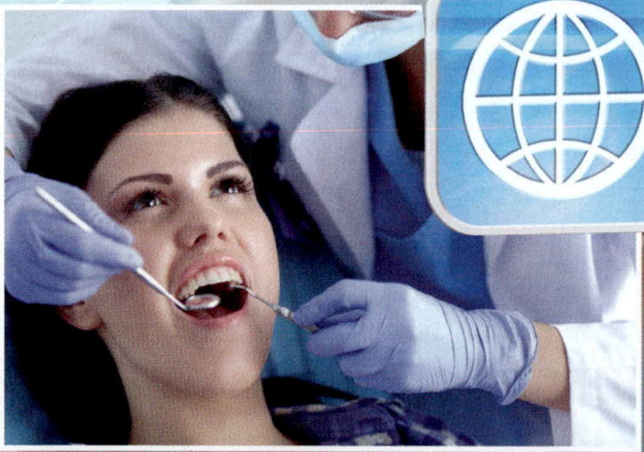

En esta unidad vas a. . .

- Narrar acciones terminadas en un tiempo relacionado con el presente
- Hablar de experiencias personales
- Expresar la negación de diferentes formas
- Conocer el voluntariado digital

¿Qué sabes?

1 **En parejas** ¿Sabes cómo se llaman estos objetos? ¿Con qué tema los relacionas?

1.1 **En parejas** Carlos y Elena discuten sobre quién depende más de la tecnología. Lee la conversación y busca el verbo correspondiente a cada definición. ¿Cómo se dicen en tu lengua? Compara con tu compañero/a.

▶ Vale, Elena, no usas tanto el portátil como yo, es verdad, pero piensa...: ¿cuántas veces te has conectado a internet esta semana?

▷ No sé, no muchas... Ya te he dicho que yo no uso el ordenador ni el móvil tanto como tú.

▶ ¿Estás segura? Yo te he visto conectada muchas veces últimamente. Has descargado y guardado las fotos del cumple de Carlos, has imprimido un billete de tren, has chateado con tu prima de Buenos Aires, hemos navegado por internet durante horas para hacer el trabajo de Historia...

▷ Sí, y he colgado en Instagram una foto de la excursión a Bilbao. Mira...

1. Poner un documento en un lugar seguro del ordenador. ....
2. Llevar un archivo de internet al ordenador. ....
3. Llevar un archivo del ordenador a internet. ....
4. Ir de una página a otra de internet. ....
5. Hablar con alguien a través de un chat. ....
6. Sacar un documento del ordenador en papel. ....

2 **En parejas** ¿Cuáles de estos marcadores de tiempo crees que tienen relación con el presente?

este mes | en 1996 | este siglo | recientemente | el lunes | este lunes | ayer | anoche
este año | en marzo | este fin de semana | hasta ahora | todavía | nunca | esta tarde | hoy

RAE

LÉXICO

Español de España › ahora: *Lo haré. **Ahora** me voy corriendo, a ver qué quiere mi prima Paula con tanta urgencia.*
Español de América › ahorita: *Me encantaría, pero **ahorita** estoy apuradísimo.*
En Puerto Rico y la República Dominicana se distingue entre ahora *('en este momento')* y ahorita *('dentro de un rato')*:
***Ahorita** voy a mandar a traer su carro con un remolque.*

Español de España › recién *('acabado de')*: *Y me volví a instalar en la butaca de los domingos ante un café **recién** hecho y la prensa.*
Español de América › recién *('hace poco tiempo/solo entonces/en cuanto, tan pronto como')*:
***Recién** coincidí con ella, al tercer día de grabación, en el baño.*
*Escucho la voz de Gloria que me grita desde afuera y **recién** entonces me acuerdo de que a esa hora volvía de Gualeguaychú.*

3 **En parejas** ¿Conoces el participio de estos verbos? Fíjate en el ejemplo.

Estudiar › *estudiado*	**Poner** ›	**Volver** › ....
Romper ›	**Repetir** ›	**Abrir** › ....
Ver ›	**Ser** ›	**Hacer** › ....
Leer ›	**Decir** ›	**Descubrir** › ....

3.1 **En parejas** Fíjate en las imágenes y explica qué ha pasado entre un momento y otro.

3.2 ¿Has estudiado algún tiempo compuesto en español? ¿Cuál? ¿Recuerdas cuándo se usa?

....

3.3 **En parejas** Cuéntale a tu compañero/a qué has hecho esta mañana antes de salir de casa.

Palabras

1 **En parejas** Relaciona cada verbo con un icono. ¿Dónde los sueles encontrar?

a. navegar	d. chatear	g. copiar	j. buscar
b. pegar	e. descargar, bajar	h. guardar	k. imprimir
c. subir	f. compartir	i. cortar	l. borrar

1.1 **En parejas** Forma frases con un elemento de cada columna.

1. Rubén chatea cada día…	a. ¿por qué no la imprimes?
2. Para pegar el documento…	b. a menudo para no tener problemas.
3. Si quieres la foto en papel,…	c. de una página web a otra.
4. Conviene darle a guardar…	d. con sus amigos de Uruguay.
5. Busca en el navegador,…	e. y así los puedes ver.
6. Me paso las horas navegando…	f. antes debes copiarlo o cortarlo.
7. Luego subimos los vídeos…	g. dos películas a la semana.
8. Si pagas, puedes descargar…	h. seguro que encuentras algo.

2 [15] Escucha a esta profesora de Informática y señala, entre las palabras que tienes debajo, las seis que menciona.

contraseña | celular | usuario | teclado | enlace
programa | ratón | dispositivo | pantalla | aplicación

2.1 [15] Vuelve a escuchar y escribe con tus palabras la definición de cada una.

1. ....
2. ....
3. ....
4. ....
5. ....
6. ....

2.2 **En parejas** ¿Sabes qué significan las otras cuatro palabras? Busca en internet imágenes que las representen y muéstralas al resto de la clase.

RAE **LÉXICO**

Español de España
- móvil: *No había **móviles** ni teníamos tarjetas de crédito.*
- ordenador: *Me instalé ante el **ordenador** y le di la orden de bajar el correo.*
- ratón: *[...] internet que permite pasar de una página a otra haciendo clic con el puntero del **ratón** sobre una serie de iconos.*

Español de América
- celular: *Los llamaré por el **celular** mañana y hablaré con Ovidio.*
- computadora: *Flammarie se sentó frente a la **computadora**, comenzó su relato.*
- *mouse*: *Para colorear las palabritas primero se pinta con el* **mouse** *el texto elegido y luego se va a la función "Resaltar".*

3 **En parejas** Relaciona estos iconos con las fotografías. Escribe la palabra que representa cada imagen y reflexiona: ¿por qué crees que se ha usado esa palabra en el campo de la tecnología? ¿Coincides con la opinión de tu compañero/a?

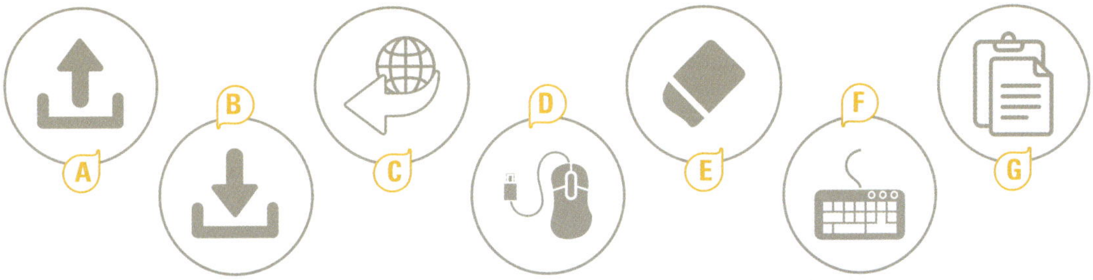

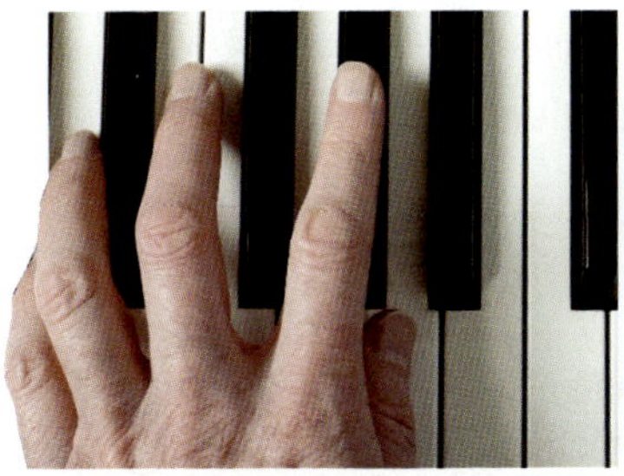

1 ☐ ____________

2 ☐ ____________

3 ☐ ____________

4 ☐ ____________

5 ☐ ____________

6 ☐ ____________

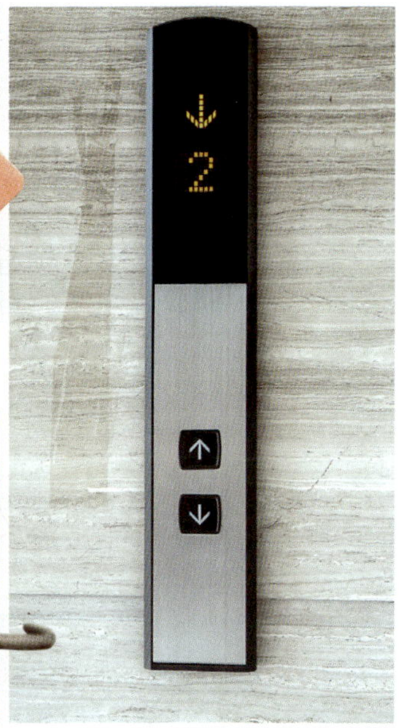

7 ☐ ____________

3.1 **Todo el grupo** ¿En tu idioma sucede lo mismo con estas palabras?

3.2 **Todo el grupo** Las palabras anteriores son polisémicas. ¿Conoces en español otras palabras con más de un significado y la misma forma? Si no conoces ninguna, busca dos en internet y lleva a clase imágenes que representen los dos significados de cada una de las palabras. Por último, con las palabras de todos, haced un cartel para colgar en la clase.

Gramática

1 Pretérito perfecto: forma y usos

- El pretérito perfecto se forma con el verbo auxiliar ***haber*** y el **participio** del verbo principal:

	Estudiar	Entender	Repetir
yo	**he** estudiado	**he** entendido	**he** repetido
tú	**has** estudiado	**has** entendido	**has** repetido
él, ella, usted	**ha** estudiado	**ha** entendido	**ha** repetido
nosotros/as	**hemos** estudiado	**hemos** entendido	**hemos** repetido
vosotros/as	**habéis** estudiado	**habéis** entendido	**habéis** repetido
ellos, ellas, ustedes	**han** estudiado	**han** entendido	**han** repetido

Recuerda:
En los verbos reflexivos el pronombre se coloca delante del verbo:
*Hoy **me** he duchado por la mañana.*

Fíjate:
El participio no cambia de género ni de número: *yo he **leído**/ella ha **leído**/ellos han **leído**...*

- Algunos participios **irregulares** son:

abrir ›	**abierto**	hacer ›	**hecho**	romper ›	**roto**
decir ›	**dicho**	morir ›	**muerto**	ver ›	**visto**
escribir ›	**escrito**	poner ›	**puesto**	volver ›	**vuelto**
cubrir ›	**cubierto**	resolver ›	**resuelto**	descubrir ›	**descubierto**

*¿Dónde **habéis puesto** el portátil?*
*Marisa **ha vuelto** hace poco.*

- El pretérito perfecto se usa para hablar de **acciones terminadas** en un **tiempo** aún **no terminado** o que percibimos como presente:

  ***Esta semana/Este mes/Este año** no he viajado.*
  ***Hoy** hemos visto a Esteban.*

- Se usa también para hablar de **experiencias vividas o no** de una manera general, sin una idea de tiempo. En este caso usamos marcadores temporales que tienen un carácter general que abarca el presente:

  ***Nunca** he estado en Berlín.*
  He leído el último libro de Muñoz Molina y me ha encantado.
  *¿Has viajado **alguna vez** en avión?*
  ***Hasta ahora** hemos visitado veinte países.*

1.1 **En parejas** Fíjate en las imágenes. ¿Has hecho alguna de estas cosas esta semana? ¿Cuáles?

1.2 [16] A Miguel le han hecho una encuesta sobre el uso de las redes sociales. Escucha y completa la tabla.

	Nunca	Alguna vez	Muchas veces
Comentar en un blog.	☐	☐	☐
Compartir fotos.	☐	☐	☐
Subir vídeos personales.	☐	☐	☐
Chatear con desconocidos.	☐	☐	☐
Quedar con un amigo virtual.	☐	☐	☐

1.3 **En parejas** Y tú, ¿cómo responderías a esta encuesta? Comparte los resultados con tu compañero/a.

2 Contraste *ya/todavía no, aún no*

Cuando hablamos de planes realizados o no, usamos *ya* para preguntar o confirmar su realización y *todavía no, aún no* para preguntar o indicar su no realización hasta el momento:

▶ *¿Has terminado **ya** el ejercicio?*
▷ *Sí, **ya** lo he terminado hace rato.*

▶ *¿**Todavía no** has visto el concurso de Tele 5?*
▷ *No, **aún no** lo he visto.*

2.1 **En parejas** Juan tiene una lista de buenas intenciones y planes para este año y ha marcado con una X todo lo que ha cumplido hasta ahora. Responde a las preguntas.

1. ¿Ha dejado ya de mirar el móvil a todas horas?
....
2. ¿Ha aprendido ya a cocinar?
....
3. ¿Se ha comprado ya un ordenador?
....
4. ¿Ha adoptado ya un perro?
....
5. ¿Se ha cambiado ya de casa?
....
6. ¿Ha visitado ya Barcelona?
....

2.2 **Todo el grupo** Y tú, ¿has cumplido alguno de tus planes para este año? ¿Cuáles tienes aún pendientes? Cuéntaselo a tus compañeros.

3 Contraste *conocer/saber*

Usamos el verbo *conocer* para referirnos a **experiencias**: lugares donde hemos estado, personas que hemos encontrado, cosas que hemos experimentado antes. El verbo *saber* sirve, en cambio, para hablar de **conocimientos** y **habilidades**:

*No **conozco** a Juan.*
*¿**Conoces** mi país?*
*¿**Sabes** hablar francés?*
*No **sé** dónde está Ana.*

3.1 Completa la frase con el verbo *saber* o *conocer* y pregunta a tu compañero/a.

1. ¿.............................. Salamanca?
2. ¿.............................. de dónde es Almodóvar?
3. ¿.............................. a alguien de Perú?
4. ¿...................... cómo se apellida el profesor?
5. ¿Qué países ....?
6. ¿.............................. tocar algún instrumento?

Practica en contexto

1 **En parejas** Lee el correo que ha escrito Silvia y luego señala cuáles son las fotos de su viaje a África.

De: Silvia Para: Javi Asunto: En África

Hola, Javi:

¿Qué tal todo por allí? No te he escrito antes porque he estado muy ocupada.

El trabajo de voluntariado aquí es muy duro, pero también tenemos tiempo para hacer otras cosas y yo he hecho ya algunas. A ver por dónde empiezo... He hecho *puenting* (increíble, ¿verdad?), he estado en un safari, he visitado un refugio para leones y me he hecho fotos con los animales. También mis compañeros y yo hemos viajado al desierto del Sáhara; es maravilloso.

Cerca de aquí hay playas fantásticas, aunque no he ido todavía a bañarme y tampoco he podido visitar los mercados para comprar algún recuerdo, pero espero hacerlo pronto porque los mercados africanos son absolutamente maravillosos.

Bueno, Javi, te mando unas fotos para darte envidia. Nos vemos muy pronto.

Un abrazo muy fuerte,

Silvia

1.1 Escribe un correo contándole a un/a amigo/a las cosas que has hecho en tus viajes y alguna que todavía no has podido hacer.

2 Piensa en una cosa muy rara o especial que hayas hecho y escríbela. Escribe también otra igual de extraordinaria, pero falsa.

Auténtica ....

Falsa ....

2.1 **En grupos pequeños** Lee a tus compañeros tus dos experiencias insólitas. Ellos tendrán que adivinar cuál es la verdadera y cuál la falsa haciéndote preguntas como en el ejemplo.

2.2 **En grupos pequeños** De las experiencias insólitas de tus compañeros, ¿has vivido alguna? ¿Cuál te ha sorprendido más?

3 **Todo el grupo** Una experiencia insólita es una experiencia rara, poco frecuente; pero ¿sabes qué es una experiencia vital? ¿Cuál de estas tres definiciones crees que es la correcta? Coméntalo con tus compañeros.

1. ☐ Cualquier experiencia vivida que tiene un significado especial.
2. ☐ Cualquier experiencia que cambia la vida positivamente.
3. ☐ Cualquier experiencia que cambia la vida negativamente.

La negación

- Para negar en español, además del adverbio ***no***, podemos usar otros elementos, como ***nunca, jamás, tampoco, nadie...***:
  Nunca hemos viajado en barco.
- Cuando estas expresiones negativas van después del verbo, se construyen con el adverbio ***no***. Es la doble negación:
  No hemos viajado nunca en barco.
- La conjunción ***ni*** equivale a ***y no***:
  No lo he hecho ni lo voy a hacer.
- También es posible usar ***ni... ni***, que hace la negación más enfática:
  No han venido ni Marta ni Luisa.

3.1 **En parejas** Lee lo que dicen estas personas acerca de sus experiencias vitales y, con tu compañero/a, completa la tabla.

Nadia

La experiencia que más ha cambiado mi vida ha sido salir de mi país y pasar un tiempo fuera. Ya he sido madre y he trabajado en cosas muy diferentes, pero nada me ha cambiado tanto como vivir en otro país porque he aprendido otra lengua, he conocido otras costumbres y he hecho muchos nuevos amigos. Todavía no he vuelto a mi país y no sé si lo voy a hacer algún día.

Mirian

Ya he vivido sola, pero la experiencia más interesante para mí ha sido estudiar en la universidad. ¡He aprendido tanto y he hecho tantos amigos...! Todavía no he terminado mis estudios, pero sé que estos años nunca los voy a olvidar porque, en ellos, he tomado algunas de las decisiones más importantes de mi vida.

Julia

Para mí la experiencia más importante que he vivido hasta ahora ha sido empezar a trabajar. Es verdad que soy muy joven y que todavía no me he ido a vivir sola ni tampoco he formado una familia, pero empezar a trabajar ha significado dar el primer paso de una nueva vida.

Iván

Yo no he encontrado todavía el amor ni el trabajo de mi vida, pero sí he hecho el viaje de mi vida y puedo decir que me ha cambiado completamente. Este verano he viajado a la India y siento que ahora soy otra persona, que mi forma de ver el mundo y a las demás personas ha cambiado.

David

Soy joven y hay muchas cosas que todavía no he vivido, como casarme o ser padre, pero creo que la experiencia más importante hasta ahora ha sido irme a vivir solo, salir de casa de mis padres y vivir por mis propios medios. Ha sido difícil, pero también he aprendido muchas cosas y me he convertido en una persona más responsable.

	Experiencia vital	Ya...	Todavía no...
Nadia			
Julia			
Iván			
Mirian			
David			

3.2 **Todo el grupo** ¿Qué otras experiencias vitales añadirías a las de la actividad anterior? Coméntalo con tus compañeros.

1. Tener hijos.
2. Vivir en otro país.
3. El primer trabajo.
4. Un viaje especial.
5. Irse a vivir solo.
6. Estudiar en la universidad.
7. ....
8. ....
9. ....
10. ....

3.3 **En parejas** Pregunta a tu compañero/a qué experiencias vitales de la lista anterior ha vivido ya, cuáles todavía no y cuál ha sido la más importante para él/ella.

3.4 **Todo el grupo** Cuenta al resto de la clase la información que te ha dado tu compañero/a.

Michael no ha vivido nunca fuera de su país ni ha sido padre todavía...

¿Y nunca ha vivido solo tampoco?

3.5 Escribe una redacción hablando sobre tus experiencias vitales. Debes utilizar algunas de las expresiones que aparecen en la siguiente lista. Puedes usar como modelo los textos de la actividad 3.1.

Marcar un antes y un después. | Hacernos a nuevas costumbres. | Abrir el círculo de amigos.
Sentirse adulto por primera vez. | El cambio puede ser difícil. | Es como volver a empezar.

....
....
....
....
....
....
....

4 [17] Escucha lo que dicen en este programa sobre el uso que hacen de internet los adolescentes y completa el gráfico con los datos que faltan.

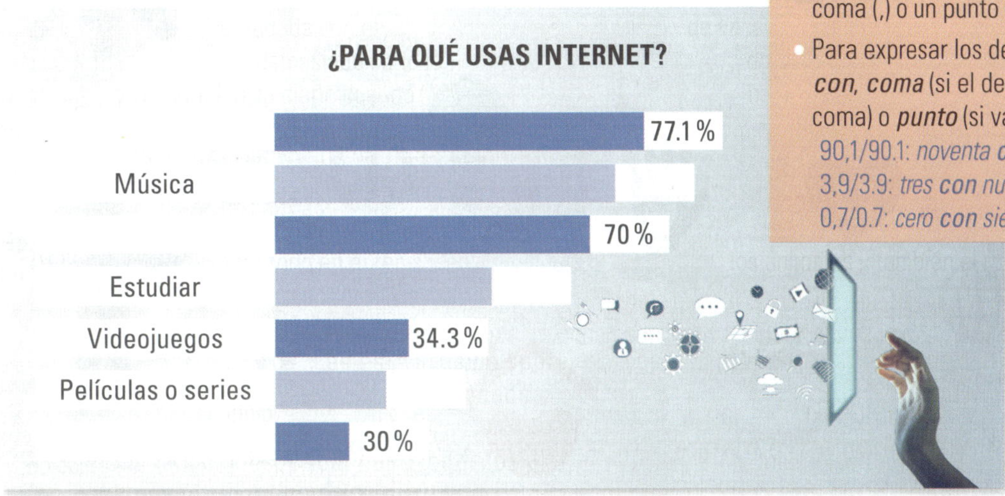

> **Decimales**
> - Los decimales se pueden separar con una coma (,) o un punto (.).
> - Para expresar los decimales puedes usar *con*, *coma* (si el decimal va separado por coma) o *punto* (si va separado por punto):
>   90,1/90.1: *noventa* ***con*** *uno* o ***coma/punto*** *uno*
>   3,9/3.9: *tres* ***con*** *nueve* o ***coma/punto*** *nueve*
>   0,7/0.7: *cero* ***con*** *siete* o ***coma/punto*** *siete*

4.1 **En parejas** Pregunta a tu compañero/a si durante esta semana ha usado internet para las actividades anteriores y ordénalas según el tiempo empleado en cada una.

Actividades	Tiempo empleado

4.2 **Todo el grupo** Con los datos de todos elaborad el gráfico de la clase sobre el uso de internet.

4.3 **Todo el grupo** ¿En qué coincide la clase con el estudio? ¿Crees que las personas de otras edades usan internet de la misma forma que los adolescentes?

5 **En parejas** ¿Utilizas internet para estudiar y practicar español? Marca con una X los medios que usas.

- ☐ cursos en línea
- ☐ diccionarios
- ☐ blogs de profesores
- ☐ foros
- ☐ sitios especializados
- ☐ redes sociales
- ☐ intercambios por chat
- ☐ prensa en línea
- ☐ películas y series
- ☐ televisión en línea

5.1 **Todo el grupo** Comparte con el resto de la clase tus conclusiones y el sitio de internet que más te ayuda con tu español.

Hemos CONECTADO

1 Lee y completa el texto con las palabras que tienes a la derecha. Luego compara con tu compañero/a.

Cada vez son más las [1] .... que dan la posibilidad de colaborar con ellas de manera [2] ...., desde una [3] .... digital, sin necesidad de movernos de casa.

Los [4] .... pueden realizar desde su ordenador muchas tareas importantes de [5] .... y apoyo y, también, participar en proyectos fundamentales para el desarrollo de las regiones más necesitadas.

Plataforma: Entorno informático.

ONG: Siglas de *organización no gubernamental*, como Unicef, Cruz Roja, Greenpeace, etc.

Voluntario: Persona que colabora con una ONG u otras organizaciones sin recibir dinero por su trabajo.

Virtual: Sin presencia física.

Difusión: Acción de dar a conocer una información entre la gente.

2 **Todo el grupo** ¿Cuál de estas tres organizaciones te parece más interesante? Razona tu respuesta.

http://campusolidario.unir.net/

unir[1] campus solidario

"El que enseña aprende dos veces".

Si eres bueno en contabilidad, puedes enseñar a un grupo de mujeres en Perú a gestionar sus microcréditos.

Si sabes de educación, puedes mejorar la docencia de un grupo de profesores en Guatemala.

Si lo tuyo es la comunicación, puedes enseñar habilidades sociales a jóvenes inmigrantes en España.

Con tan solo dos o tres horas al mes puedes mejorar la vida de otras personas. Además, no lo haces solo: trabajas en equipo, dentro de un grupo en el que os ayudáis unos a otros.

[1]UNIR son las siglas de la Universidad Internacional de La Rioja (España).

http://www.cruzroja.es/

Conéct@te al V+luntariado Digital

¿No puedes hacer voluntariado presencial? Cruz Roja abre nuevas posibilidades a través del voluntariado digital o voluntariado *online*. Te ponemos algunos ejemplos de cómo ofrecer solidaridad en nuevos espacios y tiempos. Tú también puedes hacerlo.

Rubén tuvo un accidente de tráfico y reside en un centro de recuperación de personas con discapacidad, donde estudia informática. Desde allí se conecta para contar historias con moraleja a los niños y a las niñas del Centro Infantil de Cruz Roja.

Aurélien ayuda con la informática a personas mayores de cualquier lugar de España desde su casa en París. Estudia Traducción e Interpretación y también pertenece al Equipo de Traductores y Traductoras de Cruz Roja.

Anabel mantiene el Facebook del proyecto VIH-Sida de Cruz Roja. Semanalmente le dedica dos horas desde Ceuta, donde reside actualmente. "Soy gestora de redes sociales y sigo enganchada a Cruz Roja".

Adaptado de http://www.cruzroja.es/principal/web/voluntariado/voluntariado-digital

https://tec.mx/

Tecnológico de Monterrey[2]

¿Quién puede ser voluntario?

Cualquier persona que tenga principios solidarios, una formación básica y una buena dosis de voluntad.

Voluntario es toda persona que, de una manera reflexiva, solidaria, desinteresada y no remunerada, desarrolla una actividad en beneficio de la comunidad dentro de una organización.

El Tecnológico de Monterrey, Campus Hidalgo, te invita a participar como voluntario...

Asesorando a microempresas en:

- Estrategia de ventas
- Contabilidad
- Páginas web
- Planes de negocios

O impartiendo talleres de:

- Servicio a clientes
- Control de calidad
- Comercio en línea
- Derecho laboral
- Finanzas

[2]El Tecnológico de Monterrey es un instituto tecnológico de estudios superiores ubicado en Monterrey (México).

3 **Todo el grupo** ¿Qué otras cosas crees que pueden hacerse desde un ordenador para ayudar a otras personas?

4 **Todo el grupo** ¿Has colaborado alguna vez con una ONG o conoces a alguien que lo hace? Cuéntaselo a tus compañeros.

HOSTAL Babel

Un mensaje que dice: "Error"

Antes del vídeo

1 **En parejas** Fíjate en la imagen. ¿Qué hora crees que es? ¿Por qué están solas Bea y Tere?

2 **En parejas** ¿Qué crees que está haciendo Bea con el ordenador?

1. Chateando con amigos.
2. Poniendo un anuncio del hostal en internet.
3. Comprando algo *online*.

3 **Todo el grupo** Bea tiene un problema con el ordenador y no sabe qué hacer. ¿Crees que Tere lo puede solucionar o que van a pedir ayuda? Justifica tu respuesta.

Durante el vídeo

4 **En parejas** Visiona el fragmento 00:30 ▶ 01:25 y comprueba las respuestas de las actividades 1 y 2.

5 A Bea le sale un mensaje de error que no le permite continuar. Visiona el siguiente fragmento, 01:25 ▶ 02:10. ¿Ha descubierto Bea el motivo del mensaje? Escribe la respuesta.

– Sí, ya ....

– No, todavía no ....

5.1 Marca las cosas que ha hecho Bea, luego visiona de nuevo el fragmento anterior y comprueba.

1. ☐ Ha intentado subir el anuncio.
2. ☐ Ha seguido todas las instrucciones.
3. ☐ Se ha registrado correctamente.
4. ☐ Ha pagado por el anuncio.
5. ☐ Ha puesto su correo electrónico.
6. ☐ Ha escrito todos los datos que le han pedido.
7. ☐ Ha pedido ayuda al soporte técnico.
8. ☐ Ha subido las fotos del hostal.
9. ☐ Ha puesto la contraseña.
10. ☐ Ha puesto una foto suya.

6 Visiona el fragmento 02:10 ▶ 02:22 y completa el mensaje de error.

"Se ha producido un error y ....

....

7 En parejas Visiona ahora el siguiente fragmento, 02:22 ▶ 04:06, y ordena estas intervenciones.

a. ☐ ¡Leeooo!, ¿puedes venir un momento?
b. ☐ Bea no consigue registrarse en esa página.
c. ☐ Mira la hora que es y el tiempo que he perdido ya con esto.
d. ☐ Seguro que ya se ha acostado y está durmiendo.
e. ☐ ¿"Hostales acogedores"? No me suena esa página.
f. ☐ Internet es una herramienta imprescindible para un negocio como este.
g. ☐ ¡Chica, que vas a despertar a todo el bloque!
h. ☐ ¡Y el hostal Babel tiene que estar ahí!

8 Visiona el fragmento 04:06 ▶ final y marca la opción correcta.

1. **Bea ha subido los archivos con las fotos.**
   a. Está segura.
   b. Eso cree.
   c. No se acuerda.
2. **En un primer momento, Leo cree que...**
   a. el enlace de subida no funciona.
   b. los archivos pesan demasiado.
   c. algún dato es incorrecto.
3. **El problema es el navegador porque...**
   a. no reconoce los archivos.
   b. los enlaces están rotos.
   c. la versión es vieja y no está actualizada.
4. **Leo propone...**
   a. hacerlo en su ordenador.
   b. cambiar de navegador.
   c. hacerlo más tarde.

Después del vídeo

9 En parejas Marca las palabras que han usado los personajes. Puedes volver a ver el vídeo completo si es necesario.

☐ enlace	☐ navegador	☐ bajar	☐ subir	☐ impresora
☐ ordenador	☐ ratón	☐ archivo	☐ mensaje	☐ contraseña
☐ página	☐ registro	☐ teclado	☐ informática	☐ navegar

10 Todo el grupo Fíjate en las habitaciones de las imágenes; ¿cuál crees que se parece más a la de Leo? ¿Por qué? Y tu habitación, ¿a cuál se parece más?

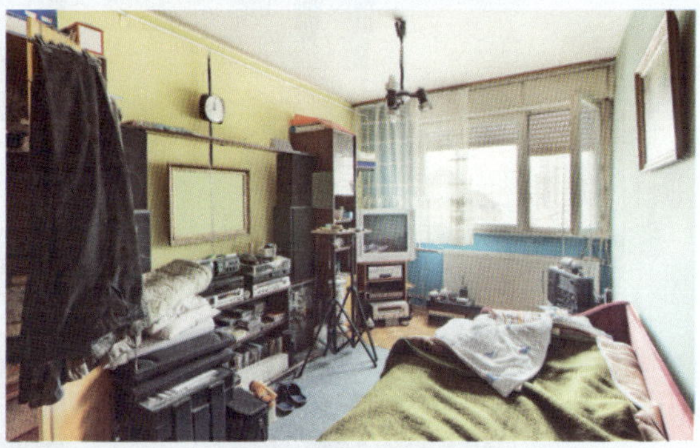

11 Todo el grupo ¿Alguna vez has tenido un problema al navegar por internet? ¿Cuál? ¿Cómo lo solucionaste?

Evaluación

1 Escribe el nombre de estos dispositivos.

2 Completa el texto con las palabras del recuadro.

aplicación | contraseña | imprimir | bajar | chatear | usuario | ordenador | guardar

Para descargar de internet esa [1] ...., tienes que registrarte primero en la página web. Es muy simple: creas un [2] .... y una [3] .... y ya tienes un perfil para entrar siempre. Es un sitio fantástico, es posible [4] .... todo tipo de programas y también tutoriales que puedes [5] .... en el [6] .... o [7] .... si los quieres en papel. También hay un foro de usuarios y puedes [8] .... con ellos cada vez que tienes un problema.

3 Fíjate en las imágenes y escribe lo que ha hecho Lourdes este fin de semana.

....

....

....

....

....

....

4 Escribe en tu cuaderno una redacción de ochenta a cien palabras contando lo que has hecho tú hoy, este año, este fin de semana o estas vacaciones.

5 Mira las notas que Pedro ha escrito en su agenda para esta semana. Fíjate en las casillas marcadas y escribe lo que ya ha hecho y lo que no ha hecho aún.

....

....

....

....

....

....

....

- [x] Ir al dentista.
- [ ] Ver a Pepa.
- [ ] Escribir a Ana.
- [x] Hacer la compra.
- [x] Llamar a Luis.
- [x] Ir a la biblioteca.
- [x] Comer con papá.
- [ ] Comprar una bici.
- [ ] Terminar el libro.
- [ ] Quedar con Dani.
- [ ] Empezar a estudiar.
- [x] Ir a nadar.

6 Escribe las preguntas a estas respuestas.

1. ¿..? Sí, he estado en Buenos Aires un par de veces.
2. ¿..? No, no la he visto todavía; dicen que está muy bien.
3. ¿..? Sí, ya lo hemos hecho.
4. ¿..? No, no ha estado nunca aquí.
5. ¿..? Sí, dos o tres veces.
6. ¿..? No, aún no lo he encontrado.
7. ¿..? Sí, ya lo sé, me he enterado esta mañana.
8. ¿..? No, no hay nada.

7 Responde negativamente a estas preguntas.

1. ¿Has estado alguna vez en Montevideo? ....
2. ¿Ha llegado ya Luis? ¿Y Marta? ....
3. ¿Has hecho la compra y preparado la cena? ....
4. ¿Ha preguntado alguien por mí? ....
5. ¿Necesitáis algo? ....
6. ¿Se lo has contado a Elvira? ¿Y a Raúl? ....
7. ¿Has tenido algún problema? ....
8. ¿Han terminado ya? ....

8 Indica si las siguientes afirmaciones son verdaderas o falsas.

1. ONG son las siglas de *organización de no gobierno.* .... V F
2. Los voluntarios trabajan por poco dinero. .... V F
3. Campus Solidario trabaja tanto en España como en Latinoamérica. .... V F
4. Cruz Roja no dispone de ningún programa de voluntariado digital. .... V F
5. El Tecnológico de Monterrey asesora a grandes empresas. .... V F
6. El voluntariado digital permite ayudar a otros sin salir de casa. .... V F

9 ¿Vas a ampliar los contenidos de esta unidad usando internet? ¿Dónde vas a buscar? ¿Cómo crees que puedes practicarlos en la red?

Unidad

5

¿Cuál ha sido para ti el mejor invento de la historia?

¿Qué importancia tiene en la actualidad?

¿Quién lo inventó?

Fíjate en el resto de las fotografías; ¿a qué temas hacen referencia?

Vivencias

En esta unidad vas a...

- Hablar de sucesos, hechos y acciones del pasado
- Elaborar una biografía
- Hablar de malentendidos culturales
- Conocer la vida de Salvador Dalí, Chavela Vargas y Celia Cruz
- Conocer La Habana (Cuba)

¿Qué sabes?

1 **En parejas** ¿Sabes qué es una biografía? ¿Qué tiempo verbal se utiliza cuando se redacta una?

1.1 **En parejas** ¿Conoces a estos dos personajes? ¿A qué se dedicaron? ¿Sabes a cuál de los dos se refieren las imágenes? Justifica tu respuesta.

A Chavela Vargas

1 ☐

2 ☐

B Salvador Dalí

3 ☐

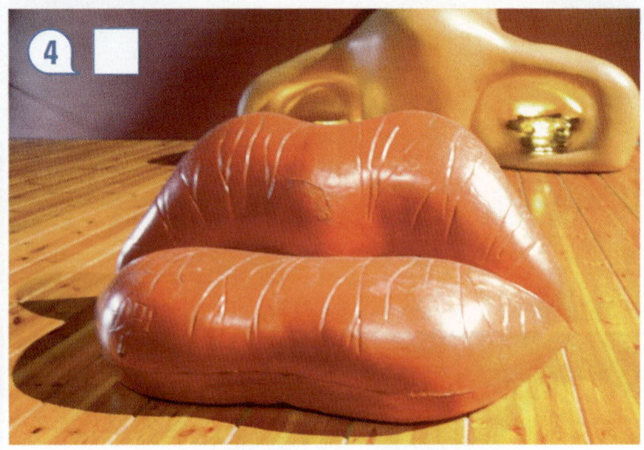

4 ☐

1.2 **Todo el grupo** Tu profesor/a va a dividir la clase en dos grupos (A y B). El grupo A va a elaborar una lista con las cosas que sabe de Chavela Vargas y el grupo B, de Salvador Dalí. Luego intercambiad la información.

Chavela Vargas — grupo A

....
....
....
....
....
....

Salvador Dalí — grupo B

....
....
....
....
....
....

2 **En parejas** Observa las imágenes y elabora frases usando el tiempo verbal adecuado del pasado.

Hace tres meses ....

Ayer ....

Hace diez minutos ....

Esta semana ....

El año pasado ....

Hoy ....

2.1 **Todo el grupo** ¿Has utilizado el mismo tiempo verbal en todas las frases? ¿Por qué? Justifica tu respuesta.

3 **En parejas** Ahora, pregúntale a tu compañero/a qué ha hecho o hizo y completa la tabla.

RAE

LÉXICO

Español de España › película: *¿Ha visto la* ***película*** Silencio roto*?*
Español de América › filme, film: *Llegaba Rodolfo Usigli, notable dramaturgo, cuya única novela inspiró un* ***filme*** *de Luis Buñuel.* Muerte en Venecia*, el* ***film****, es un modelo de adaptación cinematográfica.*

Hoy	Esta semana	Hace diez minutos	Ayer	El año pasado	Hace tres meses

Palabras

1 **En parejas** Lee las siguientes palabras y relaciónalas con su significado.

1. personaje	a. Persona, animal o cosa que interpreta el papel principal en una historia.
2. protagonista	b. Tiempo en que se hace o sucede algo.
3. fecha	c. Ser real o imaginario.
4. siglo	d. Escrito que contiene datos de un determinado hecho histórico.
5. documento	e. Conjunto de todas las personas.
6. acontecimiento	f. Periodo de 100 años.
7. humanidad	g. Cosa que se crea, se diseña, se idea o se produce por primera vez.
8. invento	h. Hecho o suceso.

1.1 **En parejas** Completa las frases con las palabras anteriores.

1. Para mí, el .... más importante del siglo XIX fue el teléfono. Nos permite hablar con las personas a miles de kilómetros de distancia.
2. La historia de la .... está llena de descubrimientos.
3. Diego Rivera fue un reconocido muralista mexicano del .... XX.
4. Gracias a la gran cantidad de .... históricos que hay de esa época, se ha podido conocer la historia del país con gran exactitud.
5. No sé la .... en la que nació el pintor Salvador Dalí.
6. Yo creo que Pitágoras es el .... más importante de la historia de las matemáticas.
7. La llegada del hombre a la Luna fue un .... histórico.
8. El .... de esta historia es Johannes Gutenberg, el inventor de la imprenta.

2 **En parejas** Fíjate en los siguientes objetos; ¿cómo se llaman y para qué sirven? ¿Qué crees que han aportado estos inventos a la vida de las personas?

1

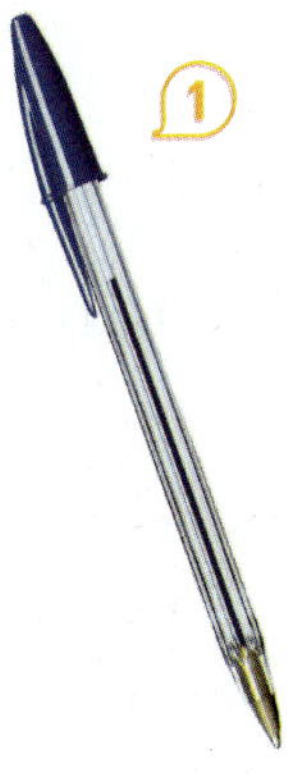

2

3

4

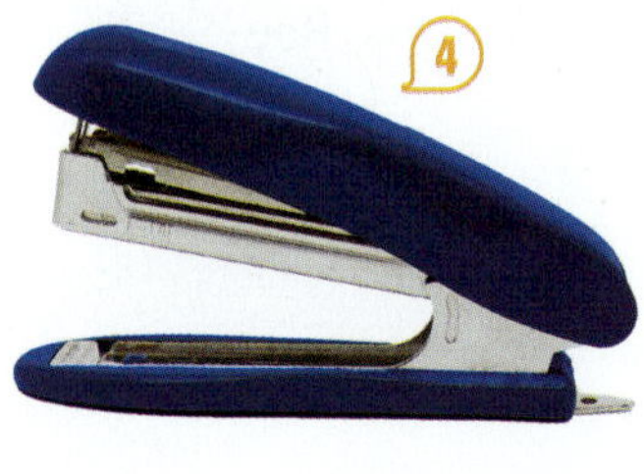

RAE

LÉXICO

Español de España › fregona: *En la habitación de Guillermo, Elena pasa la* ***fregona****, guarda los libros, retira las sábanas, suspira.*
Español de Argentina › escurridor: *Rosa entra con un balde y un* ***escurridor****.*
Español de México › trapeador:
No se preocupe por la gotera en el baño, aquí el agua se seca rápido –Rosa mueve el ***trapeador*** *con el pie.*
Español de Venezuela › coleto: *Estaba limpiando, y al sacar la silla para pasar el* ***coleto*** *por debajo de la mesa cayó la bolsa.*

En el español de Costa Rica, Ecuador, Guatemala, Honduras, México y Nicaragua, fregar significa 'molestar, enfadar, fastidiar': *CHICO: Eh, no me* ***fregués****. Y yo me fui.*

Español de España › grapadora: *García: Dame eso* (García le coge la **grapadora** de las manos).
Español de Argentina › abrochadora: *¿Vos tenés una* ***abrochadora****? Tengo que coser este pliego.*
Español de Colombia › cosedora: *La* ***cosedora*** *y la recogedora de pliegos tienen un precio muy alto.*
Español de México › engrapadora:
Te organizas para tener el material necesario y procuras no pedir cosas como lápices, papel, ***engrapadora****, etcétera.*

2.1 [18] Escucha con atención el audio y completa la ficha sobre los inventos anteriores.

1
Invento: ....
....
Inventor: ....
....
Nacionalidad: ....
Fecha: ....

2
Invento: ....
....
Inventor: ....
....
Nacionalidad: ....
Fecha: ....

3
Invento: ....
....
Inventor: ....
....
Nacionalidad: ....
Fecha: ....

4
Invento: ....
....
Inventores: ....
....
Nacionalidad: *españoles*
Fecha: ....

Para resolver con éxito una actividad de este tipo, es muy importante que leas con atención las instrucciones y que entiendas qué información se pide. Haz una escucha selectiva del audio centrándote en las palabras y en la información necesarias para completar la tarea.

3 **En grupos pequeños** Piensa en un invento importante para la historia de la humanidad según tu opinión y completa la ficha.

Nombre del invento y breve descripción: ....
....
Nombre del inventor y fecha del invento: ....
Profesión del inventor: ....
Otros datos de interés: ....

3.1 **Todo el grupo** Ahora, compartid con el resto de la clase la información del invento pero sin decir el nombre. Vuestros compañeros tienen que adivinar de qué se trata. ¿Cuál es el invento que te parece más imprescindible hoy en día? ¿Por qué?

Ejemplo: ▶ *Se inventó en 1879. Estuvo encendida durante 48 horas seguidas.*
▷ *¡La bombilla!*

Gramática

1 Pretérito indefinido irregular: verbos con irregularidad en la tercera persona

Hay un grupo numeroso de verbos que tienen una **irregularidad vocálica** en la raíz o en la terminación de la **tercera persona** singular y plural del pretérito indefinido:

	En la raíz		En la terminación	
	e › i	o › u	i › y	
	Pedir	**Dormir**	**Oír**	**Creer**
yo	pedí	dormí	oí	creí
tú	pediste	dormiste	oíste	creíste
él, ella, usted	p**i**dió	d**u**rmió	o**y**ó	cre**y**ó
nosotros/as	pedimos	dormimos	oímos	creímos
vosotros/as	pedisteis	dormisteis	oísteis	creísteis
ellos, ellas, ustedes	p**i**dieron	d**u**rmieron	o**y**eron	cre**y**eron

- Otros verbos con irregularidad **e › i**: pref**e**rir, el**e**gir, m**e**dir, m**e**ntir, corr**e**gir…
- Otro verbo con irregularidad **o › u**: m**o**rir.
- Otros verbos con la terminación irregular: constr**ui**r, destr**ui**r, incl**ui**r, distrib**ui**r, c**ae**r, l**ee**r…

Fíjate:
Los cambios en la terminación se producen en los verbos que tienen la raíz terminada en vocal:
*l**e-er** › ~~leió~~ › le**y**ó; constr**u-ir** › ~~construió~~ › constru**y**ó; c**a-er** › ~~caió~~ › ca**y**ó…*

1.1 **En parejas** Escribe la tercera persona del singular y del plural del pretérito indefinido de los siguientes verbos según su irregularidad.

1. morir: .... , ...
2. reír: .... , ...
3. incluir: .... , ...
4. preferir: .... , ...
5. destruir: .... , ...
6. mentir: .... , ...

2 Marcadores temporales de pretérito indefinido

En una biografía se encuentran **indicaciones temporales** (fechas, periodos, edades) y expresiones para relacionar unos hechos con otros.

- Para hablar de una **fecha**:
  - en…
  - el 17 de abril de 1919
  - *a los/con* + edad

  En 2011 lanzó un álbum con poemas de su amigo Federico García Lorca.
  *Nació **el** 17 **de** abril **de** 1919.*
  ***A los** 42 años publicó su primer álbum,* Noche bohemia.
- Para hablar de la **duración** de una acción:
  - desde… hasta…
  - de… a…

  *Chavela Vargas vivió en Costa Rica **desde/de** 1919 **hasta/a** 1935.*
- Para **relacionar** dos momentos del pasado:
  - al cabo de…
  - después de…
  - a los dos días/tres meses
  - **a las** cinco semanas
  - **a la** mañana/al día **siguiente**
  - poco (tiempo)/dos días/un mes/un año **más tarde/después (de)**

  *Diez años **después de** su llegada a México se hizo famosa.*
  ***Al cabo de** 10 años apareció en la película* Frida *interpretando "La llorona".*

2.1 Completa la biografía de la cantante Chavela Vargas con la forma adecuada del pretérito indefinido de los siguientes verbos.

estar (2) | vestirse | hacer | nacer | irse | ponerse | lanzar | morir | construir | hacerse | ir

Chavela Vargas [1] .... en San Joaquín de Flores, Costa Rica, el 17 de abril de 1919. [2] .... a vivir a México en su adolescencia para buscar mejores oportunidades musicales. Durante sus primeros años [3] .... cantando por las calles y [4] .... su imagen: [5] .... de hombre y [6] .... un poncho rojo. Diez años después de su llegada a México [7] .... famosa y con 42 años [8] .... su primer álbum, *Noche bohemia*. [9] .... muchos años sin actuar, pero en la década de los 90 [10] .... a España y reapareció en algunas películas de Pedro Almodóvar. Al cabo de 10 años [11] .... una intervención en la película *Frida* interpretando la canción *La llorona* y en 2011 publicó un álbum con poemas de Federico García Lorca. [12] .... el 5 de agosto de 2012 en Cuernavaca, México.

2.2 [19] Alberto nos cuenta datos de su vida. Escucha y completa la información.

1. Alberto nació ....
2. .... se fue con su familia a Madrid.
3. Vivió en Madrid ....
4. .... se fue a Estados Unidos.
5. .... regresó con su familia a Madrid.
6. .... su regreso a Madrid, murió su padre.

3 Contraste pretérito perfecto/pretérito indefinido

- Se utiliza el **pretérito perfecto** para hablar de **acciones terminadas** en un **tiempo no terminado** o de **experiencias vividas** sin importar el momento concreto en el que sucedió la acción:

  ***Esta tarde** he estado en casa de mis padres.*

  ***Nunca** he estudiado japonés.* (No he tenido la experiencia hasta ahora).

- El **pretérito indefinido** es un tiempo del pasado que expresa **acciones terminadas** en un **tiempo terminado**; por eso se usa para dar información sobre la vida de alguien, hablar de hechos históricos y acontecimientos del pasado o informar del tiempo que separa dos acciones:

  *Nació **en el año 2002**.*

  ***Ocho años después** regresó a su país.*

  *La guerra civil española comenzó **en el año 1936** y terminó **en 1939**.*

3.1 **En parejas** ¿Qué has hecho hoy? ¿Qué hiciste ayer? Elabora una frase con cada marcador utilizando el tiempo verbal adecuado. ¿En qué coincides con tu compañero/a y en qué no?

hoy	el otro día
ayer	esta semana
el año pasado	hace tres meses
nunca	hace diez minutos

RAE

GRAMÁTICA

Como ya sabes, en los países de Hispanoamérica y en algunas zonas de España como Galicia, Asturias, parte de León y Canarias, se usa el pretérito indefinido en lugar del pretérito perfecto para hablar de acciones terminadas en un tiempo no terminado: *Estoy muy cansado porque **esta mañana salí** de casa muy temprano y **no llegué** hasta las nueve de la noche. **Fue** un día muy largo.*

En español de España se diría: *Estoy muy cansado porque **esta mañana he salido** de casa muy temprano y **no he llegado** hasta las nueve de la noche. **Ha sido** un día muy largo.*

Practica en contexto

La **biografía** es un texto **narrativo** donde se cuentan los hechos más importantes de la vida de una persona desde su nacimiento hasta el momento actual.

Recuerda:
Para elaborar una biografía necesitas usar los conectores temporales que sirven para expresar fechas, relacionar dos momentos del pasado e indicar la duración de una acción.

Detalle de la casa de Dalí en Portlligat, Cadaqués, Gerona

1 **En parejas** A continuación te damos algunos datos importantes de la vida del pintor español Salvador Dalí. Léelos con atención y elabora su biografía.

- **1904** Nace el 11 de mayo en Figueras, Gerona.
- **1910** Se matricula en el Colegio Hispano-Francés de la Inmaculada Concepción de Figueras. Aprende francés.
- **1922** Va a Madrid para estudiar en la Escuela de Bellas Artes. Se aloja en la Residencia de Estudiantes y allí conoce a Lorca y a Buñuel. Se hacen grandes amigos.
- **1926** Participa en varias exposiciones en Madrid y Barcelona. Realiza su primer viaje a París y conoce a Pablo Picasso.
- **1929** Entra en contacto con el grupo de artistas surrealistas. Conoce a su futura mujer, Gala.
- **1934** Contrae matrimonio civil con Gala.
- **1935** Regresan a Figueras.
- **1936** Participa en una exposición del MOMA en Nueva York.
- **1940** El matrimonio se traslada a vivir a EE. UU.
- **1948** Regresan a España.
- **1958** Se casan por la Iglesia.
- **1974** Se inaugura el Teatro-Museo Dalí de Figueras.
- **1982** Muere Gala, su esposa.
- **1989** Muere el 23 de enero.

2 [20] **Madeleine es una chica francesa que está estudiando español y que ha escrito una breve biografía sobre su profesor Elías. Sin embargo, hay tres datos que no son correctos. Lee la biografía, escucha con atención y corrige la información falsa.**

En las actividades de comprensión auditiva, lee antes las instrucciones de la tarea que tienes que realizar y toma notas rápidas mientras escuchas.

Elías nació en Madrid en 1975, pero a los dos años se fue a vivir a Buenos Aires con su familia. Allí empezó el colegio y comenzó a interesarle la música. Su tío lo inscribió en el conservatorio, pero a los tres años lo tuvo que dejar porque se trasladó de nuevo con su familia a Madrid. En 1993 empezó a estudiar Medicina, pero abandonó pronto estos estudios y ese mismo año se matriculó en Filología Hispánica. En cuarto de carrera estuvo en Francia con una beca de intercambio. Le encantó el país: el paisaje, la gastronomía, la gente... Cuando terminó el curso, volvió a España para terminar la carrera, pero con la idea de regresar a Francia en su cabeza. En el año 2000 hizo su sueño realidad y volvió. Primero estuvo en Cannes dos años; al principio trabajó como camarero y pronto empezó a dar clases particulares de español. Al cabo de tres años conoció a Zoe, se enamoraron y se fueron a vivir a París. Allí empezó a trabajar en una escuela dando clases de español: en mi escuela... Es mi profesor desde hace dos años y ¡me encantan sus clases!

1.1 **En grupos pequeños** Elige con tus compañeros a un personaje famoso: pintor/a, cantante, escritor/a, actor/actriz... Busca sus datos más interesantes y elabora una lista con fechas como la de la actividad 1.

1.2 **Todo el grupo** Ahora contadle al resto de la clase la vida de vuestro personaje, utilizando los marcadores temporales adecuados y sin decir su nombre. Vuestros compañeros deben adivinar de quién se trata.

Dalí y Man Ray en 1934

Retrato de Salvador Dalí hecho por García Lorca

Dalí en la década de 1960

Dalí Atomicus, fotografía de 1948 de Philippe Halsman

1. Dato falso: ....
   Dato correcto: ....
2. Dato falso: ....
   Dato correcto: ....
3. Dato falso: ....
   Dato correcto: ....

2.1 Ahora vas a escribir tu propia biografía. Debes incluir la siguiente información y tres datos falsos.

- Fecha y lugar de nacimiento.
- Estudios realizados.
- Etapas más importantes de tu vida.
- Hechos positivos y negativos.

2.2 **Todo el grupo** Lee tu biografía a tus compañeros. Ellos deben hacerte preguntas para adivinar los datos falsos. ¿Quién ha tenido hasta ahora la vida más interesante? ¿Por qué?

3 [21] Lucía es una joven andaluza que vive en Madrid desde hace dos meses. Escucha los mensajes de voz que les manda a dos amigos y completa la tabla.

Tres cosas que ya ha hecho Lucía hoy y tres cosas que todavía no ha hecho	Seis cosas que hizo Lucía el fin de semana pasado
1.	1. ....
2.	2. ....
3.	3. ....
4.	4. ....
5.	5. ....
6.	6. ....

Contraste *ya/todavía no, aún no* (repaso)

- *Ya* + pretérito perfecto se usa para preguntar o confirmar la realización de una acción que debía cumplirse o que esperamos ver realizada:
  ▶ *¿Ya has ido al gimnasio?*
  ▷ *Sí, ya he ido.*
- *Todavía no, aún no* + pretérito perfecto indica que la acción no se ha realizado hasta el momento:
  Todavía no he ido. Iré más tarde.

3.1 Lucía escribe un correo a otro amigo contándole cómo le ha ido el día. Se queda dormida sin enviarlo y tiene que hacerlo al día siguiente. Transforma el correo utilizando el tiempo del pasado correcto y sus correspondientes marcadores temporales.

L Lucía
a Alejandro

Asunto: ¡Hola!

¡Hola, Alejandro! ¿Qué tal por Buenos Aires? Hace días que no te escribo 😟... ¡Lo siento! Hoy he tenido el día libre y ha sido muy intenso... Seguro que no te lo crees, pero me he levantado temprano para ir al gimnasio. Allí he tenido una hora de clase de zumba, he nadado cuarenta minutos y luego he estado en la sauna. ¡Qué maravilla! Después he desayunado con Bruno y nos hemos ido en coche a la sierra, y ¿a que no sabes qué?: ¡por fin he montado en globo! Ha sido una experiencia maravillosa que quiero repetir. Bruno no ha montado y me ha esperado leyendo en el coche 😀

Por la tarde hemos estado en un río y hemos hecho *rafting*. La verdad es que he pasado mucho miedo 😱

L Lucía
a Alejandro

Asunto: ¡Hola!

¡Hola, Alejandro! ¿Qué tal por Buenos Aires? Hace días que no te escribo 😟... ¡Lo siento! Ayer tuve...

3.2 Piensa en cuatro experiencias que has vivido relacionadas con tu aprendizaje del español y descríbelas brevemente por escrito. Da información de la fecha, el lugar de la experiencia y explica cómo te sentiste.

Ejemplo: *He vivido varias veces en países de habla hispana. La primera vez fue en Argentina, en...*

4 **En parejas** Lee las anécdotas que han vivido estas personas en distintos países y comenta con tu compañero/a qué crees que sucedió.

① Ana

¿A que no sabes qué me pasó el año pasado cuando estuve en Japón visitando a unos amigos? Pues resulta que un día fuimos a comer a casa de otros amigos y contaron un chiste. Me hizo tanta gracia que me reí abiertamente, a carcajadas. Noté que me miraron extrañados y no sé el motivo.

③ Ayaka y Nori

Pues resulta que mi mujer y yo vivimos diez años en Argentina. Recién llegados al país, unos conocidos aparecieron en nuestra casa por sorpresa: "Hemos venido a visitaros porque seguro que estáis solos y no conocéis a nadie". Nos pareció tan extraño…

② Víctor

Te voy a contar una cosa que me ocurrió cuando estuve en Tailandia viajando por todo el país. Resulta que un día, en el tren, vi a un niño muy simpático. Le hablé y le hice un gesto cariñoso tocándole la cabeza. Enseguida me di cuenta de que su padre me miró con desconfianza y me puso muy mala cara.

④ Sara y sus amigos

Verás lo que me pasó en mi viaje a la India y Pakistán. El primer día entramos en un restaurante y, como soy zurda, comí con la mano izquierda. Noté que el camarero me miró de una manera extraña.

Contar una anécdota

- Una **anécdota** es un **relato breve** sobre algún acontecimiento **curioso** o **divertido**.
- En la conversación es frecuente introducir la anécdota con expresiones como:
  - **¿Sabes lo que me pasó** ayer/el lunes/el otro día/cuando llegué a…?
  - **Te voy a contar una cosa** que me pasó ayer/el lunes/el otro día/cuando llegué a…
  - **Pues resulta que** ayer/el lunes/el otro día/cuando llegué a…
- El interlocutor contesta con:
  - **¿Qué te pasó?**
  - **Cuenta, cuenta…**
- Y reacciona a lo largo del relato con expresiones como:
  - **¡No me digas!**
  - **¡Qué bien/mal/(buena) suerte/mala suerte…!**
  - **¡Es increíble!**

Recuerda:
En español es necesario ir reaccionando ante lo que narra el interlocutor. El silencio absoluto se interpreta como falta de interés.

4.1 [22] Ahora escucha las explicaciones que dan estos mediadores culturales y comprueba tus respuestas anteriores.

4.2 **Todo el grupo** ¿Te ha sucedido alguna vez algo similar? Cuéntaselo a tus compañeros. ¿Sabes a qué se debió el malentendido?

4.3 **Todo el grupo** ¿Qué actos pueden causar malentendidos si un extranjero visita tu país?

Ejemplo: *Pues en España, si alguien te regala algo, debes abrirlo inmediatamente y decir que te gusta muchísimo porque, si no, la persona lo puede considerar como un desprecio…*

¡AZÚCAR!

1 **En grupos pequeños** Observa las siguientes fotografías de La Habana. ¿Cómo crees que es? Con tus suposiciones, elige la opción correcta.

1. La Habana es una ciudad **alegre/seria**.
2. Es una ciudad **antigua/moderna**.
3. Sus habitantes son **muy abiertos/reservados**.
4. Es famosa **por su música/por su comida**.
5. Añade otros datos que sabes sobre La Habana.

....
....
....
....

1.1 **En parejas** Eva es una chica española que el año pasado visitó La Habana. Mira las fotos que ha colgado y lo que ha escrito en Instagram.

Eva_instagram

Eva_instagram La Habana es una ciudad maravillosa, uno de esos lugares donde puedes sentir la vida en la calle: las voces de la gente, las bicicletas, las motos, los originales cocotaxis, las guaguas (como se les llama aquí a los autobuses)… Es una ciudad multicultural en la que conviven diferentes razas, además del turismo procedente de todo el mundo: estadounidenses, franceses, alemanes, italianos, españoles…

Ayer estuvimos en La Habana Vieja, el casco antiguo de la ciudad, que se caracteriza por sus calles rectas, los bonitos edificios de la época colonial, sus casas de diferentes colores y los automóviles americanos de los años 40 y 50.

Esta mañana hemos paseado por el Malecón, el paseo marítimo de la ciudad, y ahora vamos a cenar en un *paladar*, una casa particular donde se sirven comidas. La ciudad tiene una vida nocturna muy intensa: cines, teatros, salas de baile, clubs de *jazz*... Lo tiene todo, pero lo que más me gusta es lo simpática y cercana que es su gente, siempre tan alegre, tocando música por las calles y siempre sonriendo.

1.2 **En parejas** ¿Sabes por qué este apartado se llama *Azúcar*? Elige una de estas tres explicaciones.

- ☐ Porque La Habana es famosa por su café con azúcar.
- ☐ Porque Cuba es el primer productor mundial de azúcar.
- ☐ Porque una cantante de salsa introducía en sus canciones el grito de "¡azúcar!".

1.3 Ahora escucha y comprueba tus respuestas anteriores.

[23]

1.4 **Todo el grupo** Revisa tus respuestas de la actividad 1. ¿Qué información nueva tienes sobre La Habana? ¿Te gustaría visitar Cuba? ¿Por qué? Justifica tu respuesta.

HOSTAL Babel

Hostal Mabel

Antes del vídeo

1 Observa la imagen y di qué están haciendo Tere y Bea.

2 En este momento, alrededor de las sábanas, Bea le cuenta a Tere la historia del hostal Babel. Relaciona las columnas según tu opinión.

1. ¿De quién era el hostal Babel?	a. Bea.
2. ¿Cuándo se abrió por primera vez este negocio?	b. 2011.
3. ¿Cómo se llamaba el hostal?	c. 15 de mayo de 2016.
4. ¿Cuándo cerró?	d. Mabel.
5. ¿Cuándo se volvió a abrir?	e. 1967.
6. ¿Quién es la dueña del hostal ahora?	f. Los abuelos de Bea.

3 Con la información anterior, completa las frases que explican la historia del hostal.

- El hostal Babel fue de ...
- Se puso el nombre de Mabel porque ...
- Cerró en el año 2011 porque ...
- La dueña actual del hostal es ...

4 **En parejas** Cuéntale la historia a tu compañero/a. ¿Coincidís?

Durante el vídeo

5 Visiona el fragmento 02:04 – 04:09 y comprueba si la historia verdadera del hostal Babel coincide con la tuya.

6 **En parejas** Visiona de nuevo el fragmento anterior, localiza las siguientes frases y explica su significado con tus propias palabras. Luego compara con tu compañero/a. ¿Coincidís?

1. Mis abuelos **heredaron** este edificio de un tío de mi abuela. ...
2. El turismo **se disparó** en España. ...
3. Mis abuelos **sacaron adelante** a la familia. ...
4. La abuela Mabel **se hizo cargo** ella sola del negocio. ...
5. Mi abuela intentó **traspasar** el negocio. ...
6. Estaba un poco cansada de estar **de aquí para allá**. ...

7 **En parejas** Visiona el fragmento 04:38 ▶ final, escribe quién dice estas frases y ordena el diálogo.

a. .... ☐ ¡Sí! ¡Además huelen a superlimpio y están muy suaves!

b. .... ☐ ¡Qué suerte he tenido de encontrar el mejor hostal del mundo! Y además te he conocido a ti, Bea...

c. .... ☐ Sí, así que el 15 de mayo de 2016 abrió sus puertas por primera vez el hostal Babel.

d. .... ☐ ¡Me encanta!

e. .... ☐ Como este hostal...

f. .... ☐ Y le cambiaste el nombre...

g. .... ☐ ¡Qué emocionante!

h. .... ☐ Sí.

i. .... ☐ ¡Uy, ven, que te quiero dar un abrazo!

j. .... ☐ Sí, la verdad es que se conservan muy bien.

k. .... ☐ ¡Gracias! Yo también estoy encantada de tener una huésped como tú, Tere.

l. .... ☐ Sí. Y la primera invitada de honor fue mi abuela Mabel.

m. .... ☐ ¿Entiendes ahora por qué aún conservo estas viejas sábanas?

n. ......*Bea*...... *1* Y decidí convertirlo en un hostal de estudiantes.

8 **Todo el grupo** Visionad de nuevo el fragmento para corregir la actividad anterior. ¿Habéis ordenado correctamente el diálogo? ¿Cómo habéis realizado la actividad?

1. ☐ Recuerdo la historia perfectamente.
2. ☐ Busco las palabras claves de cada intervención.
3. ☐ Ordeno primero las intervenciones.
4. ☐ Marco primero las frases en las que reaccionan y luego me centro en las intervenciones largas.
5. ☐ Otros: ....

Después del vídeo

9 **En parejas** Haz un resumen del capítulo de 120 palabras en tu cuaderno siguiendo estas pautas.

1. Piensa en la idea principal.
2. Selecciona las acciones más importantes.
3. Haz una lista de las ideas principales y secundarias para relacionarlas.
4. Escribe un borrador.
5. Intercambia el borrador con tu compañero/a y comenta el suyo.
6. Escribe la versión final teniendo en cuenta la opinión de tu compañero/a.

10 **Todo el grupo** Ahora piensa en alguna cosa u objeto que has heredado y que tiene un gran valor sentimental para ti. ¿Qué es? Explica su historia a tus compañeros.

Ejemplo: *Yo heredé de mi abuelo un juego de ajedrez. Es muy importante para mí porque fue él quien me enseñó a jugar y ¡con ese ajedrez!*

Evaluación

1 Piensa en cinco palabras que has aprendido en esta unidad relacionadas con la historia y elabora una frase con cada una de ellas.

1. ....
2. ....
3. ....
4. ....
5. ....

2 Escribe el nombre de dos inventos que has estudiado en esta unidad y explica qué han aportado a la vida de las personas.

1. ....
2. ....

3 Escribe tres datos biográficos de Chavela Vargas y de Salvador Dalí.

Chavela Vargas	Salvador Dalí
1.	1. ....
2.	2. ....
3.	3. ....

4 Lee los siguientes marcadores temporales y clasifícalos en la tabla según lo que expresan.

al cabo de dos días | en 1985 | pocos días después | al día siguiente | de... a... | el 23 de mayo

Fecha	Duración de una acción	Relación entre dos momentos

5 Escribe la tercera persona del singular y del plural del pretérito indefinido de los siguientes verbos.

Elegir	Morir	Caer	Oír
....	....	....	....
....	....	....	....

6 Elige la opción correcta.

1. **¿Has visto mi abrigo?** ....
   a. La semana pasada.
   b. Hoy.
2. **Bailaron muchísimo.** ....
   a. En la fiesta de esta noche.
   b. En la fiesta del fin de semana pasado.
3. **He conocido a Alberto.** ....
   a. Esta semana.
   b. El mes pasado.
4. **Ana no dijo nada.** ....
   a. Esta mañana.
   b. Ayer.
5. **Han comprado toda la comida.** ....
   a. Para la cena de esta noche.
   b. Para la cena de ayer.
6. **Viajó a Tailandia.** ....
   a. El verano pasado.
   b. Este mes.

7 Escucha la biografía de Celia Cruz y completa con la información correcta.

[24]

1. .... a estudiar Magisterio, pero no se ....
2. Los primeros años .... en algunas orquestas y .... en espectáculos de teatro.
3. Desde 1960 .... en Estados Unidos, donde .... en julio de 2003.
4. Siempre .... y .... sus conciertos gritando: "¡azúcar!".
5. Los 5 premios Grammy .... los premios más importantes que ....

8 Forma frases relacionando las dos columnas.

1. Celia Cruz nació...	a. por ser la reina de la salsa.
2. Abandonó los estudios de Magisterio...	b. recibió muchos premios.
3. Cantó en una de las orquestas...	c. y entró en el Conservatorio Nacional de Cuba.
4. Celia Cruz fue famosa...	d. en La Habana en 1925.
5. Durante su carrera artística...	e. más famosas antes de la Revolución.

9 Responde a las siguientes preguntas sobre La Habana.

1. ¿Cómo se les llama a los autobuses en Cuba? ....
   ....
2. ¿Qué es un *paladar*? ....
   ....
3. ¿Cómo se llama el paseo marítimo de La Habana? ....
   ....
4. ¿Cómo se llama el casco antiguo de La Habana? ....
   ....
5. ¿Qué caracteriza a la vida nocturna de La Habana? ....
   ....
6. Describe La Habana con tres palabras: ....
   ....

Unidad

6 ¿Cómo era antes?

Fíjate en la imagen principal. ¿Qué te sugiere? ¿La puedes relacionar con el título de la unidad?

¿Tienes discos de vinilo? ¿Y un tocadiscos?

¿Sueles leer el periódico? ¿Cuándo? ¿Dónde?

¿Hace buen tiempo hoy?

En esta unidad vas a. . .

- Hacer descripciones en pasado
- Narrar sucesos e historias en pasado
- Hablar del tiempo atmosférico
- Conocer el mapa político de España y sus lenguas

¿Qué sabes?

1 **En parejas** ¿Qué tiempo hace? Observa las imágenes, relaciónalas con las frases y, después, compara con tu compañero/a.

a. Llueve./Está lloviendo.
b. Hay nubes./Está nublado.
c. Hace frío.
d. Hace calor.
e. Hay niebla.
f. Hace viento.
g. Hay tormenta.

1.1 **En parejas** ¿Con qué estaciones relacionas las imágenes de la actividad 1?

1. ...... ☐ .... ☐ .... ☐ .... ☐
2. ...... ☐ .... ☐ .... ☐ .... ☐
3. ...... ☐ .... ☐ .... ☐ .... ☐
4. ...... ☐ .... ☐ .... ☐ .... ☐
5. ...... ☐ .... ☐ .... ☐ .... ☐
6. ...... ☐ .... ☐ .... ☐ .... ☐
7. ...... ☐ .... ☐ .... ☐ .... ☐

Las estaciones del año en España e Hispanoamérica cambian según la situación geográfica de los diferentes países:

Fecha de inicio	Hemisferio norte	Hemisferio sur
20-21 marzo	primavera	otoño
21-22 junio	verano	invierno
22-24 septiembre	otoño	primavera
21-22 diciembre	invierno	verano

2 En parejas Lee los diálogos y subraya los verbos conjugados.

2.1 En parejas Clasifica cada verbo de los diálogos anteriores en su lugar correspondiente de la tabla. Trabaja con tu compañero/a.

Presente	Pretérito perfecto	Pretérito indefinido	Otro tiempo

2.2 En parejas ¿Sabes qué tiempo es el de los verbos que aparecen en la última casilla de la tabla? ¿Crees que expresa acciones en presente, pasado o futuro?

2.3 En parejas Di tres cosas que han cambiado en el mundo desde que eras pequeño/a.

Palabras

1 **En parejas** ¿Sabes cómo se llama en español lo que lee el hombre de la foto? ¿Conoces el nombre de alguna de sus secciones?

1.1 **En parejas** Pon el nombre de cada sección del periódico debajo de la imagen correspondiente y escribe una frase indicando qué contenidos trata. Compara con tus compañeros.

El tiempo | Política | Economía | Deportes | Sociedad | Cultura y espectáculos | Ciencia y salud | Anuncios por palabras | Opinión

1 ______

2 ______

3 ______

4 ______

5 ______

6 ______

7 ______

8 ______

9 ______

1.2 **Todo el grupo** ¿Cuál es tu periódico preferido? ¿Con qué frecuencia lo lees? ¿Lo lees en papel o en formato digital? ¿Por qué? ¿Cuál es tu sección favorita? ¿Y la que menos te interesa? Argumenta tus respuestas.

2 **En parejas** En la sección del tiempo de cualquier periódico puedes encontrar símbolos como estos. Relaciona cada símbolo con su nombre correspondiente.

sur | sol | calor | nublado | nieve | norte | tormenta | este | sol y nubes | frío | oeste | lluvia

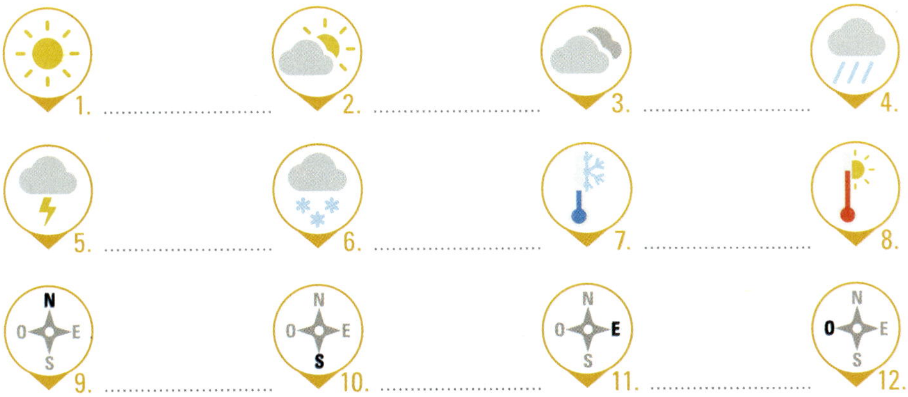

1. ....
2. ....
3. ....
4. ....
5. ....
6. ....
7. ....
8. ....
9. ....
10. ....
11. ....
12. ....

2.1 [25] Escucha y dibuja cada símbolo donde corresponda. Fíjate bien en los nombres que hay en el mapa.

Fíjate:

- Los verbos que usamos para hablar del tiempo, como ***llover, nevar, hacer frío/calor/sol...***, solo se usan en la tercera persona del singular:
  *Antes **llovía** más que ahora.* *Ayer **nevó** un poco.* ***Hace** mucho sol hoy.*
- Los nombres de las estaciones son ***primavera, verano, otoño*** e ***invierno***.
- Se puede hablar del tiempo de manera general con las expresiones ***hace buen tiempo*** (si hace sol o calor) y ***hace mal tiempo*** (si llueve o hace frío).
- Para hablar de las características del **clima** o el **tiempo** de un lugar, una estación o un mes del año, puedes usar estos adjetivos:
  - Relacionados con el **tipo de clima**: mediterráneo/oceánico/continental...
  - Relacionados con la **temperatura**: frío(a)/templado(a)/cálido(a)/suave/duro(a)/extremo(a)...
  - Relacionados con la **lluvia**: húmedo(a)/seco(a).

  *La primavera en Madrid es muy **húmeda**.*
  *En Valencia hay clima **mediterráneo**.*
  *Agosto en Sevilla es muy **cálido**.*
  *La temperatura en septiembre es **templada**.*

2.2 **Todo el grupo** ¿Cómo es el clima de tu país? ¿Cuál es tu estación favorita? ¿Por qué?

Gramática

El pretérito imperfecto solo tiene **tres verbos irregulares**:

Ser	Ir	Ver
era	**iba**	**veía**
eras	**ibas**	**veías**
era	**iba**	**veía**
éramos	**íbamos**	**veíamos**
erais	**ibais**	**veíais**
eran	**iban**	**veían**

Fíjate:
El imperfecto se usa también para pedir algo con **cortesía**. En este caso, el imperfecto equivale al presente:

▶ *Quería pedirte un favor…*
▷ *Dime. Si puedo ayudarte, lo haré.*

1 Pretérito imperfecto de indicativo

- El **pretérito imperfecto** tiene dos terminaciones distintas, una para los verbos que terminan en *-ar* y otra para los que terminan en *-er* e *-ir*:

	Hablar	Leer	Escribir
yo	hablaba	leía	escribía
tú	hablabas	leías	escribías
él, ella, usted	hablaba	leía	escribía
nosotros/as	hablábamos	leíamos	escribíamos
vosotros/as	hablabais	leíais	escribíais
ellos, ellas, ustedes	hablaban	leían	escribían

- El **pretérito imperfecto** es un tiempo del pasado que se usa para:
  - **Describir** en pasado:
    *La clase **era** grande. La profesora **se llamaba** Inés y **era** chilena.*
  - Hablar de **acciones habituales** en el pasado:
    ***Me levantaba** a las ocho, **salía** a las nueve y **cogía** el autobús.*
  - Hablar de una **acción** en pasado **interrumpida** por otra acción en pasado:
    ***Veía** una película cuando me llamaste.* (La acción de *ver* es interrumpida por la acción de *llamar*).

1.1 **Todo el grupo** Fíjate en las imágenes y describe la diferencia entre antes y ahora.

1.2 **En grupos pequeños** ¿Cómo eras hace cinco años? Piensa en cinco cosas que ahora son diferentes y cuéntaselas a tus compañeros.

2 Contraste pretérito imperfecto/perfecto/indefinido

El pretérito **imperfecto** presenta la acción en un tiempo pasado, pero **sin especificar el comienzo o el final**. Por esta razón, el imperfecto es el tiempo que usamos para la **descripción**, para hablar de las **circunstancias** que rodean a los **hechos o acciones**, que se expresan en pretérito **perfecto** (acciones terminadas en relación con el presente) o en **indefinido** (terminadas en relación con el pasado):

> ***Era** medianoche y **llovía** mucho. La calle **estaba** oscura y **había** poco tráfico. De repente, un coche se detuvo, la ventanilla del conductor se abrió y vi que **era** Luisa, una compañera de la universidad. Desde aquella noche no nos hemos separado y hemos vivido momentos muy felices.*

2.1 **En parejas** Lee esta noticia, subraya las formas verbales que aparecen y clasifícalas según su función: descripción o narración. Luego compara con tu compañero/a. ¿Coincidís?

A los 94 años se graduó en la universidad con excelentes notas

Amy Craton tenía 94 años cuando terminó los estudios, que empezó en 1962, y lo hizo con una nota media de 10.

Craton sentía que debía terminar la carrera que dejó cincuenta años antes para cuidar a sus hijos: "Siempre me ha gustado estudiar, pero mis hijos eran pequeños y yo estaba sola. Ahora que son adultos, he decidido volver a la universidad", dijo en una entrevista a la NBC News.

Así fue como, en 2013, Amy decidió inscribirse en la SNHU (Southern New Hampshire University) para continuar sus estudios, pero *online* porque Amy estaba en silla de ruedas y tenía dificultades para oír. Desde su casa en Honolulu, Craton asistió a todas las clases y no solo consiguió obtener el título de Escritura Creativa, sino que también fue la alumna con mejores calificaciones de toda su clase.

Adaptado de https://eldiariony.com/2017/05/20/video-tiene-94-anos-y-se-graduo-en-la-universidad-con-notas-brillantes/

2.2 **En grupos pequeños** ¿Conoces alguna historia de superación personal como esta? Toma nota de las circunstancias y de los hechos y luego cuéntasela a tus compañeros. Si no conoces ninguna, puedes buscar en internet.

3 Posesivos pospuestos

- Los posesivos **pospuestos** concuerdan en género y número con la cosa o persona poseída. Estas son sus formas:

	Singular		Plural		
	Masculino	Femenino	Masculino	Femenino	
Un poseedor	mío tuyo suyo	mía tuya suya	míos tuyos suyos	mías tuyas suyas	(yo) (tú) (él, ella, usted)
Varios poseedores	nuestro vuestro suyo	nuestra vuestra suya	nuestros vuestros suyos	nuestras vuestras suyas	(nosotros/as) (vosotros/as) (ellos, ellas, ustedes)

- Estos posesivos, a diferencia de los antepuestos *(mi, tu, su...)*, pueden acompañar al nombre o aparecer sin él cuando este es conocido. Este último es su uso más frecuente:

▶ *Es un* ***error tuyo****.*
▷ *¿Mío?*
▶ *Sí, tuyo.*

Ese es ***mi bolso****.* ***El tuyo*** *está en el armario.*

3.1 Transforma las frases con el posesivo pospuesto correcto.

1. Esta es tu camisa. ....*Es la tuya.*........
2. Son tus tiendas. ....
3. Es su bufanda. ....
4. Son sus hijos. ....
5. Es mi libro de español. ....
6. Son mis padres. ....

Practica en contexto

1 **Aquí tienes un artículo sobre el mundo antes de internet. Antes de leer, marca las afirmaciones que te parecen ciertas. Luego lee el texto y comprueba las respuestas.**

1. ☐ Antes la gente hablaba mucho menos por teléfono.
2. ☐ Las únicas redes sociales eran los bares, el trabajo, la clase y las calles.
3. ☐ Había que sacar las fotos en papel para verlas.
4. ☐ En el cine y en la televisión había más *spoilers*.
5. ☐ Existían tiendas de discos donde se compraba la música.
6. ☐ Los estudiantes iban a bibliotecas y librerías cuando necesitaban información para sus trabajos.

Así era la vida antes de internet

¿Cómo era el mundo en 1991, antes de la aparición de internet? Porque sí, hubo un tiempo en que vivíamos sin internet, sin wifi, sin teléfonos inteligentes... Un tiempo en que teníamos que describir con nuestras palabras lo que ocurría a nuestro alrededor porque no existían enlaces que compartir en ningún lado. Los bares, el trabajo, la clase y las calles eran las únicas redes sociales.

Muchas acciones habituales eran diferentes: no nos mandábamos correos ni wasaps, hablábamos mucho por teléfono y nos escribíamos cartas; no existía la Wikipedia, por eso íbamos a bibliotecas y librerías cuando necesitábamos información para los trabajos de clase; tomábamos las fotos con películas que debíamos llevar a las tiendas de fotografía, donde las revelaban y nos las daban en papel; la música se compraba en tiendas en las que los discos estaban ordenados por géneros y en orden alfabético; veíamos caricaturas o telenovelas en la tele y nadie hacía *spoilers* de las series porque todos las veíamos al mismo tiempo. ¿Vivíamos desconectados? No, antes de 1991 compartíamos todo de otra manera: en persona y con nuestra voz. No, la vida no era mejor. Nomás era distinta.

Adaptado de Javier Martínez Staines http://www.univision.com/estilo-de-vida/trending/asi-era-la-vida-antes-de-internet

RAE

LÉXICO

La RAE define la palabra caricatura como 'un dibujo satírico en que se deforman las facciones y el aspecto de alguien': *Tenía enmarcada una **caricatura** que le había hecho un compañero de facultad y que no tenía demasiado parecido con el modelo.*

Sin embargo, en el español de El Salvador y México la palabra caricaturas equivale en español de España a dibujos animados, cómics o tebeos: *Ahí los encontraba correteando con otros niños, o leyendo cuentos de **caricaturas** que alquilaban por unos centavos en el quiosco de revistas.*

Español de España › solamente: *En el vestuario del gimnasio hay **solamente** un banco largo y estrecho.*

Español de América › nomás: *Como estaban también muy cerca de esa estación, a unas cuadras **nomás**, después de una ducha y de haberse cambiado de ropas, Marisa propuso ir caminando.*

1.1 **Todo el grupo** ¿Qué información te ha sorprendido más? ¿Cómo imaginas tu vida sin las nuevas tecnologías?

2 **En grupos pequeños** Antes de la llegada de internet y de los móviles, muchas otras cosas también eran diferentes. ¿Cómo imaginas que se hacía lo que tienes a continuación?

1. Viajar sin la ayuda de mapas digitales ni GPS.
2. Hablar por teléfono cuando estabas fuera de casa.
3. Guardar los números de teléfono y datos de contacto de amigos y conocidos.
4. Organizar los viajes y las vacaciones: reservar vuelos, hoteles, etc.
5. Comprar ropa y otras cosas donde había pocas tiendas o ninguna.
6. Consultar tus cuentas bancarias, hacer transferencias, etc.
7. Conocer a gente de otros lugares.
8. Ver películas que no ponían ni en los cines ni en la televisión.

2.1 [26] **En grupos pequeños** Arancha le explica a su hijo cómo se hacían esas cosas en aquel tiempo. Escuchad y tomad notas. ¿Habéis acertado en vuestras suposiciones anteriores?

2.2 **En parejas** Seguro que también muchas cosas eran diferentes cuando tú eras niño/a. Cuéntaselo a tu compañero/a y responde a sus preguntas.

3 **En grupos pequeños** Piensa en un momento especial de tu vida. Primero anota las circunstancias y luego los acontecimientos. A continuación cuéntaselo a tus compañeros. Fíjate en el ejemplo.

CIRCUNSTANCIAS

¿Cuántos años tenías? ¿Qué día era? ¿Dónde estabas? ¿Qué tiempo hacía? ¿Quién más había? ¿Cómo te sentías?...

....

....

....

....

ACONTECIMIENTOS

¿Qué sucedió? ¿Qué hiciste? ¿Qué dijiste? ¿Qué hicieron los otros? ¿Cómo te sentiste?...

....

....

....

....

Ejemplo: *Tenía 10 años, era el día de mi cumpleaños y mis abuelos me regalaron una bicicleta. Yo estaba muy contenta. Enseguida cogí la bici y di una vuelta. Ese día me sentí mayor por primera vez.*

Recursos para introducir una anécdota

- ¿Sabes qué me pasó/ha pasado...?
- ¿A que no sabes qué me pasó/ha pasado?

Mostrar interés

- ¿Y qué pasó/ha pasado después?
- Sigue, sigue.../Cuenta, cuenta...

Expresar sorpresa o incredulidad

- ¿Ah, sí?
- ¡No me lo puedo creer!
- ¡Qué me dices!
- ¿De verdad?

Fíjate:
Los marcadores temporales ***antes, después, mientras, siempre*** y ***cuando*** son un recurso fundamental de la narración porque **relacionan dos acciones** y permiten saber en qué momento ocurre cada una de ellas:

- ***Antes*** se usa para indicar una acción que **precede** a otra u otras:
  *Juan ha llegado **antes**, luego he venido yo.*
- ***Después*** sirve para expresar **posterioridad**; equivale a *más tarde*, *luego*:
  *Ayer comí y **después** me fui a clase.*
- ***Mientras*** se utiliza para hablar de acciones **simultáneas**:
  ***Mientras** cenábamos, vimos las noticias.*
- ***Siempre***, que significa 'en todo o cualquier tiempo', se usa para hablar de **hábitos**:
  ***Siempre** se duchaba antes de acostarse.*
- ***Cuando*** sirve para indicar el tiempo en el que **ocurre algo**:
  ***Cuando** nací, mi madre tenía 27 años.*

3.1 **Todo el grupo** Cuenta a tus compañeros aquella vez que...

Estaba muy nervioso/a...
Me enfadé mucho...
Estaba muy preocupado/a...
Me divertí mucho...
Tenía ganas de llorar...
Tenía mucho miedo...
Me sentía feliz...
Me sentí muy bien...
No podía parar de reír...
Mis padres se enfadaron conmigo...

4 **En parejas** Lee la siguiente noticia y completa la tabla.

El pasado mes de julio, un grupo de niños de la localidad de Exeter, en Inglaterra, protestó contra el estricto código de vestuario de su escuela llevando faldas, cuando no les permitieron usar pantalones cortos a pesar de las elevadas temperaturas veraniegas. Los adolescentes argumentaron que hacía demasiado calor: la temperatura superaba los 30 °C.

Un día antes, un niño fue expulsado de la escuela por llevar pantalones cortos.

Al parecer, la directora del centro escolar había hecho el comentario sarcástico de que podían usar falda si tenían tanto calor, pero no esperaba que los estudiantes le tomaran la palabra.

La televisión local Devon Live pudo grabar la escena cuando el jueves por la mañana las niñas les entregaban sus faldas de repuesto a sus compañeros de clase. Uno de ellos declaró que usar falda escocesa era "bastante refrescante".

Los británicos no están acostumbrados a unas temperaturas tan altas, pero sí a ver hombres con falda. Esta prenda forma parte del traje nacional escocés y no es raro ver a escoceses usarla por las calles de Gran Bretaña.

Adaptado de http://www.telemundo.com/noticias/2017/06/23/ninos-protestan-con-faldas-prohibicion-de-usar-shorts-pese-al-calor

¿Qué pasó?	¿Quiénes?	¿Dónde?

¿Cuándo?	¿Cómo?	¿Por qué?

4.1 **En grupos pequeños** Los titulares que aparecen a continuación son reales. Elige uno y escribe la noticia como la imaginas. Trabaja con tus compañeros de grupo.

Unos ladrones robaron un coche con un niño dentro y lo llevaron a la escuela.

Una anciana aprendió a leer y escribir hace dos años y ya ha publicado 35 cuentos.

Un pingüino recorre 8000 km cada año para ver al hombre que le salvó la vida.

Un hombre estuvo durante dos años metiendo sus cartas en un contenedor de basura convencido de que era un buzón.

Un joven australiano despertó del coma hablando chino.

Una mujer de 91 años ha conseguido lo que muchos desean: trabajar en Silicon Valley, en la empresa que diseñó el primer ratón de Apple.

4.2 **Todo el grupo** Comparte la noticia con tus compañeros. Con ellos, decide cuál merecería estar en la portada de un periódico. Después comparad vuestra noticia con la real que os va a dar vuestro profesor/a. ¿Se parecen?

5 **En parejas** Luis, Adela y Carla estudian juntos en la universidad. Acaban de mudarse de piso y están organizando sus cosas. Observa la imagen y completa el diálogo con los posesivos pospuestos adecuados. Después compara el resultado con tu compañero/a.

Luis

Carla

Adela

Adela y Carla

Luis y Carla

Carla: ¿De quién es este iPad?
Luis: Es [1] .... Por favor, déjalo sobre la estantería.
Adela: Aquí hay unas mantas. ¿De quién son?
Carla: [2] .... y de Luis.
Luis: ¿Y estos libros? ¿Son [3] ...., Adela?
Adela: Sí, pero también son [4] .... *(dice señalando a Carla).*
Luis: Entonces los pongo en esta habitación. No, mejor en la [5] ...., Adela, así los tienes a mano si los necesitas.
Adela: ¡Gracias! Y aquí hay un mando de la PlayStation y un ordenador...
Luis: ¡Ah! Sí. El mando es [6] .... y el ordenador es [7] .... *(dice mirando a Carla).*
Carla: ¿Sabes? Nosotras tenemos una bicicleta.
Luis: ¿La bici que hay al lado de la puerta es [8] ....?
Carla: Sí, es [9] ...., la compramos a medias.
Adela: ¿De quién es esta raqueta?
Carla: [10] .... La he traído porque voy a jugar al tenis.
Luis: ¿Y estas gafas que hay encima de la mesa?
Adela: ¡Uy! Son [11] .... Suerte que las has encontrado. No veo nada... Bueno, Carla, parece que todo lo [12] .... ya está organizado, ¿verdad?
Carla: Sí, ¡por fin! Y creo que lo de Luis también, porque no queda ninguna caja...

Un país, MUCHAS CULTURAS

¿Sabías que...?

España está formada por **17 comunidades autónomas.**

Dos ciudades del **norte de África** forman parte de España.

Además del español, se hablan otras **tres lenguas** que tienen carácter oficial.

1 [27] **En parejas** Escucha y relaciona las comunidades autónomas que faltan en el mapa con su nombre correspondiente.

- ☐ Aragón
- ☐ Asturias
- ☐ Cantabria
- ☐ Castilla-La Mancha
- ☐ Castilla y León
- ☐ Ceuta
- ☐ Islas Baleares
- ☐ Islas Canarias
- ☐ La Rioja
- ☐ Melilla
- ☐ Navarra
- ☐ Región de Murcia

RAE **CULTURA**

En Argentina a los españoles nos llaman gallegos debido a que la mayoría de los españoles que emigraron a ese país provenían de Galicia (España): *¡Viaje a Mar del Plata sin valijas, en la tienda de los **gallegos** tiene de todo!*

2 **Todo el grupo** Busca en internet en qué comunidad autónoma se encuentran estos lugares y alguna información sobre ellos. Compártela con tus compañeros.

2.1 **Todo el grupo** ¿Conocías alguno de estos lugares? ¿Cuál te llama más la atención y te gustaría visitar? ¿Por qué?

2.2 **Todo el grupo** ¿Cuántas regiones o estados tiene tu país? ¿Cuántas lenguas se hablan en él?

HOSTAL Babel

Tarde de lluvia

Antes del vídeo

1 **Todo el grupo** Fíjate en la imagen. Tere está *resoplando*. ¿Qué crees que expresa ese gesto? Marca una de las siguientes opciones. ¿Coincides con tus compañeros? ¿Existe este gesto en tu país? ¿Significa lo mismo?

1. Que está cansada.
2. Que tiene sueño.
3. Que tiene frío.
4. Que tiene hambre.

2 **En parejas** Visiona sin sonido el fragmento 00:30 ▶ 01:03 del vídeo y, con tu compañero/a, escribe un diálogo fijándote en los gestos y en las intervenciones de los personajes.

2.1 **Todo el grupo** Con el vídeo sin sonido, doblad estos treinta primeros segundos usando el diálogo que habéis escrito.

2.2 **Todo el grupo** ¿Cuál de los diálogos ha sido el más imaginativo? ¿Y el más divertido?

Durante el vídeo

3 Visiona de nuevo el fragmento 00:30 ▶ 01:03, ahora con sonido, y comprueba si alguno de los diálogos se parece al original.

4 Visiona el fragmento 01:04 ▶ 01:23 en el que Tere cuenta una anécdota. Escríbela con tus propias palabras.

....

....

....

5 Visiona el fragmento 01:27 ▶ 02:00 y relaciona cada intervención con un personaje, Bea o Tere. Luego ordena el diálogo y visiona el fragmento de nuevo para comprobar tu respuesta.

- ☐ a. ¿Has vivido en Galicia? .... B T
- ☐ b. Pues imagínate yo, que pasé parte de mi infancia en Galicia, ¡y allí sí que llueve! .... B T
- ☐ c. Y allí llueve mucho, ¿verdad? .... B T
- ☐ d. ¡Uf! A mí no me gusta nada la nieve. .... B T
- ☐ e. Sí, recuerdo que cuando era niña llovía mucho más. .... B T
- ☐ f. La verdad es que antes llovía más que ahora. .... B T
- ☐ g. Sí, de pequeña. Durante cuatro años de mi vida, viví allí con mi familia. .... B T
- ☐ h. Y entonces llovía más aún. ¡Y muchas veces hasta nevaba! .... B T

6 **En parejas** Visualiza el fragmento 02:00 ▷ 03:07 e indica si las siguientes afirmaciones son verdaderas (V) o falsas (F).

1. Tere es del sur y por eso casi nunca ha visto la nieve. .... V F
2. Bea le propone hacer una excursión para ver la nieve. .... V F
3. Bea explica a Carla que estaban de compras cerca de la cafetería. .... V F
4. Bea añade que, como ha empezado a llover, han pasado a verla. .... V F
5. Tere quiere tomar un café con leche. .... V F
6. Bea quiere merendar un trozo de bizcocho de chocolate. .... V F

6.1 Corrige las respuestas falsas y visiona de nuevo el fragmento para comprobar tus respuestas.

7 **En parejas** Visiona el fragmento 03:16 ▷ 03:57 y completa la información.

1. El padre de Bea era médico y ....
2. Así que toda la familia ....
3. Bea todavía recuerda ....
4. Bea dice que siempre llovía ....
5. Tere dice que le encantan ....

8 **En parejas** Ahora visiona la secuencia final 03:58 ▷ final y cuéntala con tus propias palabras.

....

....

....

Después del vídeo

9 Señala cuál de las tres imágenes muestra un bizcocho de chocolate. ¿Cómo se llaman los otros dos dulces?

A 

B 

C 

10 ¿En cuál de los puntos señalados en el mapa vivió Bea cuando era niña? ¿Y Tere?

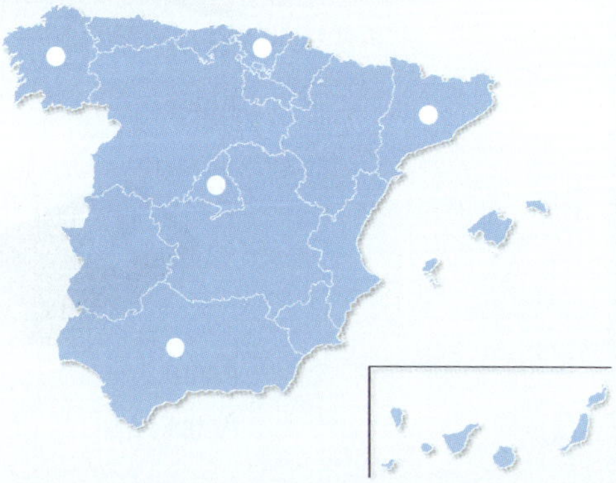

11 **Todo el grupo** ¿Te gustan los días de lluvia? ¿Por qué?

12 **Todo el grupo** ¿Qué te gusta hacer cuando llueve?

13 **Todo el grupo** ¿Donde tú vives llueve con frecuencia? ¿En qué época del año llueve más?

Evaluación

1 Sustituye los símbolos por palabras.

De: Inés Para: Carol Asunto: Tiempo

¡Hola! ¿Qué tal por allí?

He visto en el periódico que [1] ...., ¡qué suerte! Aquí [2] .... y hoy no hemos podido ir a la playa. Ayer [3] ...., pero se estaba muy bien y nos bañamos varias veces. Por la tarde, tuvimos que volver al hotel porque [4] .... Este sitio tiene un tiempo muy inestable, por el día [5] .... y por la noche [6] ...., pero bueno, estamos descansando... ¡Nos vemos muy pronto!

Un abrazo, Inés

2 Forma frases con un elemento de cada columna.

1. En verano normalmente hace...
2. Para ser junio hacía...
3. Cuando cambia el tiempo hay...
4. En invierno hacía mucho frío...
5. En septiembre suele...

a. demasiado frío.
b. pero casi nunca nevaba.
c. llover bastante.
d. buen tiempo.
e. más tormentas.

3 Completa con el marcador adecuado.

antes | mientras | siempre | cuando | después

[1] .... salíamos de casa juntos. Raúl llegaba a la oficina a las 9, yo entraba en el hospital [2] ...., a las 8:30. [3] ...., a mediodía, quedábamos en algún restaurante del centro para almorzar. [4] .... comíamos, hablábamos de nuestras cosas. [5] .... terminábamos de comer, él volvía a la oficina y yo me iba de nuevo al hospital.

4 Fíjate en las imágenes y escribe cómo se hacen estas cosas ahora y cómo se hacían antes.

1

Ahora ....

Antes ....

2

Ahora ....

Antes ....

3

Ahora ....

Antes ....

4

Ahora ....

Antes ....

5 Completa las frases libremente.

1. Ayer, cuando salía de clase, ...
2. Luis es vegetariano, pero antes ....
3. Anoche no te llamé porque ....
4. Cuando hemos salido esta mañana ....
5. Siempre que nos veíamos ....
6. He leído tu correo mientras ....
7. Vimos una película y después ....
8. Cenábamos siempre allí porque ....

6 Conjuga los verbos entre paréntesis de esta noticia en el tiempo adecuado.

Carmelo Flores, el hombre más viejo del mundo, cumplió 123 años

Carmelo Flores [1] .... (cumplir) 123 años el pasado 16 de julio, es indio aimara y siempre [2] .... (vivir) en un pequeño pueblo de los Andes bolivianos, a 4000 metros sobre el nivel del mar. Toda su vida [3] .... (comer) alimentos naturales que él mismo [4] .... (cultivar) porque, como nos [5] .... (contar), antes no [6] .... (haber) tiendas ni supermercados. Carmelo recuerda que una vez, cuando [7] .... (ser) joven, [8] .... (ir) al médico, aunque no recuerda por qué.
Según el *Libro Guinness de los récords*, la persona más longeva de la historia [9] .... (ser) la francesa Jeanne Calment, que [10] .... (morir) en 1997: [11] .... (tener) 122 años. El *Libro Guinness* todavía no [12] .... (registrar) a Carmelo Flores como el hombre más longevo del mundo.

Adaptado de http://www.eldia.com.ar/edis/20130815/El-hombre-mas-viejo-mundo-tiene-anos-vive-Bolivia-mts-altura-informaciongeneral6.htm

7 Sustituye la parte subrayada por el posesivo correcto.

Ejemplo: *Este es el número de mi habitación. Dame tu número de habitación.* › *Dame el* ***tuyo***.

1. Estas son las fechas en las que ellos estarán fuera de vacaciones. ¿Coinciden con nuestras fechas de vacaciones? ....
2. Ahí están los hijos de Manuel, pero no veo a tus hijos. ¿Dónde están? ....
3. Aquí está nuestra entrada. Y vuestra entrada, ¿dónde está? ....
4. Tu casa es mucho más grande que mi casa. ....
5. Mi coche es más pequeño que el de Luis, mejor vamos en el coche de Luis. ....

8 Señala en el mapa estas comunidades: Madrid, Cataluña, Andalucía, País Vasco y Galicia.

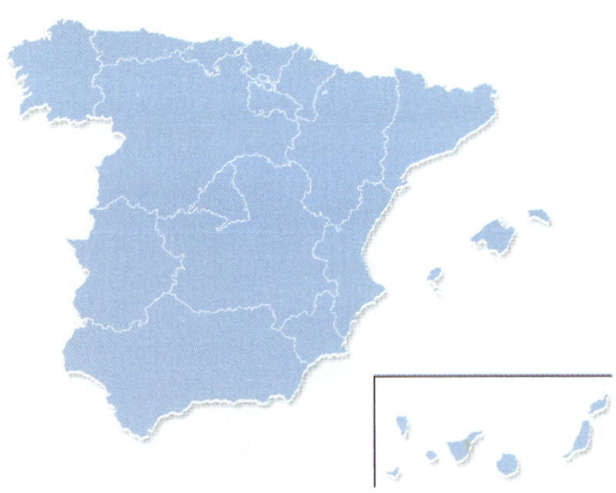

9 ¿Qué lenguas se hablan en España y en qué comunidades?

....

....

....

....

Unidad

7 Dentro de 50 años

Fíjate en las fotografías; ¿a qué hacen referencia?

¿Crees que podemos hacer algo por cambiar el futuro del planeta?

¿Qué festivales de cine conoces?

En esta unidad vas a. . .

- Hacer predicciones de futuro
- Hacer planes
- Hablar del futuro con condiciones
- Aprender léxico relacionado con la ecología, el medioambiente, el reciclaje y la economía circular
- Conocer el Festival Internacional de Cine de San Sebastián

¿Qué sabes?

1 **Todo el grupo** Fíjate en las siguientes palabras; ¿a qué tema se refieren? Justifica tu respuesta.

TEMA

naturaleza océanos

reciclaje clima

1.1 **En parejas** Escribe en la tabla dos términos relacionados con cada una de las palabras anteriores y que tengan que ver con el tema general al que se refieren.

Naturaleza	Reciclaje	Océanos	Clima

1.2 **Todo el grupo** Di las palabras de tu lista y completa con las palabras de tus compañeros. ¿Conoces todas? ¿Sabes qué significan?

2 Fíjate en esta imagen. ¿Sabes a qué concepto relacionado con el medioambiente se refiere? Una pista: tiene que ver con una tendencia ecológica que va más allá del reciclaje.

3 [28] Escucha a estas personas hablar sobre sus planes en relación con el medioambiente. ¿Qué van a hacer? Completa los bocadillos.

1 Voy a ....
....
....
....

2 Pienso ....
....
....
....

3 Vamos a ....
....
....
....

4 Quiero ....
....
....
....

3.1 [28] Vuelve a escuchar y completa estas frases.

1. Voy a ir a clase en bici; así .... deporte todos los días.
2. Voy a limpiar la playa y, de esta manera, ... a mejorar la calidad del agua.
3. Vamos a ahorrar en calefacción, no contaminaremos y el aire .... más limpio.
4. En mi tienda .... de todo: muebles, ropa, objetos de papelería..., todo hecho a partir de productos reciclados.

3.2 **En parejas** Analiza las formas que has anotado. ¿A qué tiempo se refieren las acciones? ¿Conocías este tiempo verbal?

> Recuerda:
> Para hablar del futuro puedes usar las estructuras: *ir a*, *querer* o *pensar* + infinitivo.

4 **Todo el grupo** ¿Sabes qué es la huella ecológica? Lee la definición en el siguiente texto para averiguarlo. ¿Tienes tú algún plan relacionado con tu huella ecológica?

> De la misma forma que al caminar se deja una huella, el modo de vida de cada uno deja una huella ecológica, es decir, provoca un impacto ambiental determinado que depende, principalmente, de nuestros hábitos y de nuestro grado de concienciación.

Palabras

1 **En parejas** ¿En qué contenedor reciclas esta basura? Relaciona y compara con tu compañero/a.

1. desechos en general	a. contenedor azul
2. basura orgánica	b. contenedor gris
3. vidrio	c. contenedor marrón
4. plástico y latas	d. contenedor rojo
5. papel	e. contenedor verde
6. residuos peligrosos	f. contenedor amarillo

1.1 [29] Vanessa está muy concienciada con el medioambiente y les explicó a sus hijos con un juego cómo reciclar los residuos. Escucha sus explicaciones y comprueba tu respuesta anterior.

1.2 **En parejas** Clasifica los siguientes desechos en su contenedor correspondiente. Puedes volver a escuchar el audio si lo necesitas.

brik de leche | botella de vidrio de zumo de naranja | ordenador roto | tapón de corcho | bayeta | papel de cocina usado | bolsa de plástico | lata de refresco | caja de cartón | jeringuilla usada | bolsa de patatas fritas | periódico | restos de plantas y hojas | trozo de carne | libro viejo | pañal

Fíjate:
En España, los residuos que no se pueden reciclar en ninguno de estos contenedores se llevan al "punto limpio". En este lugar se someten a un proceso de reciclaje específico o se eliminan de forma segura.

1.3 **Todo el grupo** ¿Cómo se recicla en tu país? ¿Se utilizan los mismos colores para reciclar los residuos anteriores? Coméntalo con tus compañeros.

1.4 **Todo el grupo** ¿Reciclas habitualmente? ¿Por qué?

2 **En grupos pequeños** ¿Conoces las 5 erres de la ecología? Relaciónalas con estas acciones.

1. Regalar un jersey que te queda pequeño.
2. Llevar una bolsa de tela al mercado.
3. Arreglar una lavadora que se ha estropeado.
4. Tirar la lata de refresco al contenedor amarillo.
5. Utilizar una botella de vidrio para confeccionar una lámpara.

2.1 **En parejas** Ahora lee estos textos y escribe cuál de las 5 erres describe cada uno.

① ______

Casi todo se puede arreglar: ropa, productos electrónicos, mobiliario, calzado, móviles... pueden repararse y alargar así su vida útil.

② ______

Menos consumo en todos los sentidos: menos desperdicio, menos peso y distancia para el transporte, menos energía, menos productos no degradables o no reciclables...

③ ______

De algunos objetos de desecho se pueden rescatar algunos de sus componentes para ser utilizados nuevamente; un buen ejemplo son los metales, que pueden ser separados de los distintos objetos que desechamos y ser utilizados de nuevo.

④ ______

Crear un artículo nuevo usando materiales reciclados o reciclables siempre que sea posible. El papel, por ejemplo, es una de las industrias que más utiliza este principio.

⑤ ______

Hay ropa, calzado, libros y objetos de papelería, envases, componentes electrónicos que pueden ser donados... Todo puede tener una segunda vida antes de terminar en la basura.

Gramática

1 Futuro simple

- El **futuro simple** se forma con el infinitivo y las siguientes terminaciones:

	Estudiar	**Beber**	**Vivir**
yo	estudiaré	beberé	viviré
tú	estudiarás	beberás	vivirás
él, ella, usted	estudiará	beberá	vivirá
nosotros/as	estudiaremos	beberemos	viviremos
vosotros/as	estudiaréis	beberéis	viviréis
ellos, ellas, ustedes	estudiarán	beberán	vivirán

- En este tiempo verbal solo hay doce verbos irregulares:

caber › **cabré**	saber › **sabré**	valer › **valdré**
haber › **habré**	poner › **pondré**	venir › **vendré**
poder › **podré**	salir › **saldré**	decir › **diré**
querer › **querré**	tener › **tendré**	hacer › **haré**

- Utilizamos el **futuro simple** para hablar de **acciones** y **planes** que se van a realizar en el **futuro**:

  *La próxima semana **iré** a Santiago de Chile.*

- También sirve para hacer **predicciones** y para hacer **promesas** con ***te prometo/juro*** + ***que***:

  *El próximo verano **será** muy caluroso.*

  ***Te prometo que** te **llamaré** lo antes posible.*

> Fíjate:
> Las terminaciones son las mismas para las tres conjugaciones, incluidos los verbos irregulares.

> Fíjate:
> Este tiempo se usa también para hacer **suposiciones** o **hipótesis** referidas al presente:
> ▶ *¿Por qué no ha venido Pedro?*
> ▷ *Es que está enfermo.* (Lo sé).
> ▷ *No sé; **estará** enfermo.* (Lo supongo).
> En este caso, el futuro equivale al presente.

1.1 **En parejas** Encuentra en esta sopa de letras tres formas regulares y tres formas irregulares de futuro simple y completa las frases con ellas.

1. Yo creo que .... estudiando todo el fin de semana. El lunes tengo un examen.
2. La próxima semana Raúl .... mucho tiempo libre. Solo trabaja por las mañanas.
3. Si vas por el norte de España, ... muy bien. ¡Está todo riquísimo!
4. Hoy me quedo en casa. Ordenaré y .... todos los libros en la estantería.
5. Tranquilo, pronto .... la verdad.
6. .... un correo a Julita para contarle lo que ha pasado.

T	O	C	É	G	T	V	N	L	R	D	Q
F	E	S	T	A	R	É	E	N	S	N	U
U	S	Á	R	P	E	T	L	L	Á	O	E
S	U	E	E	S	I	P	O	N	D	R	É
H	A	V	S	U	M	P	A	H	A	Z	R
Í	D	B	C	B	P	A	T	E	C	D	U
T	O	C	R	É	U	S	E	S	O	T	R
E	S	I	I	E	S	E	Y	A	M	P	I
N	Ó	T	B	S	M	R	A	N	E	D	O
D	D	É	I	Ó	R	O	E	T	R	É	S
R	E	P	R	E	O	D	S	N	Á	C	H
Á	S	O	É	N	M	A	O	I	S	P	Ó

1.2 **En parejas** Decide si el verbo se refiere al futuro o a una hipótesis en presente.

1. ¿Vendréis a visitarme a Irlanda?
2. No es buena idea ir ahora a la biblioteca, estará llena de gente.
3. Esta tarde llegarán los nuevos diccionarios.
4. Imagino que el director estará reunido, no contesta el teléfono.

2 Marcadores temporales de futuro

Estos son algunos de los marcadores temporales de futuro más comunes:

- **esta** tarde/noche/semana
- la semana **próxima**
- **dentro de...**
- **este** mes/año
- el mes/año **próximo**
- **desde/a partir de...**
- **en...**
- la semana/el mes/el año **que viene**

*El año **que viene/próximo** será un gran año.*
*Esta **tarde** iré al cine.*
*Este **año** compraremos un coche nuevo.*
*A **partir de mañana** estará de vacaciones.*
***Dentro de dos años** viajaremos a África.*
***En agosto** nos cambiaremos de piso.*

Fíjate:
Con el demostrativo *(esta tarde, este mes)* podemos referirnos al pasado o al futuro:
*Esta tarde **iré** al cine.*
*Esta tarde **he ido** al cine.*

2.1 [30] ¿Qué planes tiene Sara? Fíjate en las imágenes; ¿qué crees que va a hacer en cada caso? Anótalo. Luego escucha, comprueba si has acertado y escribe cuándo realizará esos planes.

1 ....
....

2 ....
....

3 ....
....

4 ....
....

5 ....
....

2.2 **En grupos pequeños** ¿Y tú? Comenta con tus compañeros cuáles son tus planes para esta noche, esta semana, este año, el año que viene, dentro de tres años y dentro de quince años.

Recuerda:
Para hablar del futuro también puedes usar:

- **Presente de indicativo**: *Mañana **ceno** con mis amigas.*
- ***Ir a*** + infinitivo: *El mes que viene **voy a viajar** a Madrid.*
- ***Pensar/Querer*** + infinitivo:
  *A partir de mañana **pienso/quiero cambiar** mis hábitos de consumo.*

RAE

GRAMÁTICA

En el español de América se suele utilizar más la forma *ir a* + infinitivo para hablar del futuro:
*Oficialmente, la semana que viene **van a empezar** a implementar los cambios que a usted se le ocurrieron...*

Practica en contexto

1 **Todo el grupo** Fíjate en las siguientes frases. ¿Con qué concepto las relacionas?

Extraer para tirar | Somos ricos en basura | Tus residuos son mis recursos

1.1 **En parejas** Ahora fíjate en esta infografía, elige uno de los dos gráficos y explícaselo a tu compañero/a.

ECONOMÍA CIRCULAR

Infografía
La infografía combina **imágenes** (ilustraciones, gráficos, pictogramas…) y **textos** con el fin de comunicar información de manera visual y facilitar su transmisión.

ECONOMÍA LINEAL

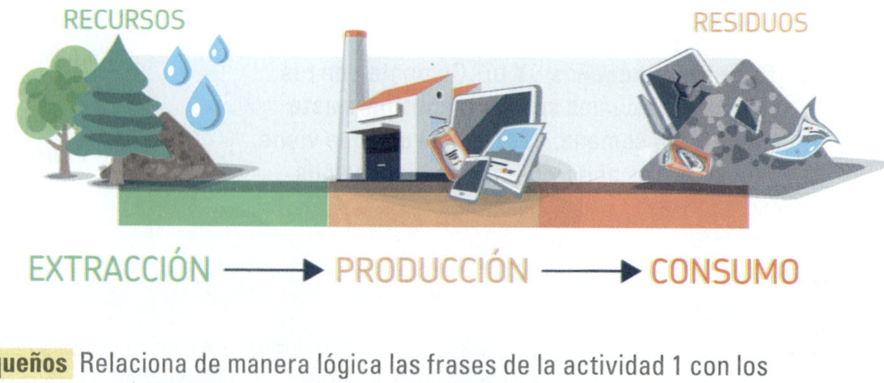

1.2 **En grupos pequeños** Relaciona de manera lógica las frases de la actividad 1 con los gráficos. Compara las respuestas de tu grupo con las del resto de la clase. ¿Se parecen?

2 **En parejas** Vas a leer un artículo sobre economía circular. Antes relaciona estos conceptos con su significado: podrás comprender mejor el texto.

1. sustentar
2. nutriente
3. desechar
4. biodegradable
5. contribuir
6. generar

a. Sustancia que alimenta.
b. Producir.
c. Que puede descomponerse en elementos químicos naturales por la acción del sol, el agua, las bacterias, las plantas o los animales.
d. Tirar algo porque ya no nos sirve.
e. Mantener, sostener.
f. Ayudar para algún fin.

2.1 **En parejas** Ahora lee el texto y resume cada párrafo en dos frases.

Está claro que el modelo económico actual –extraer, producir, consumir y tirar– no será posible en el futuro. La ONU calcula que para mediados de siglo la población mundial será de unos 9100 millones de personas: "Con estas cifras, se necesitarán casi tres planetas Tierra para conseguir los recursos naturales necesarios para mantener el modo de vida actual". Según el profesor Antonio Valero, "el ser humano tendrá que vivir de sus residuos, como hace la naturaleza". Y es que serán los residuos que generamos los que deberán sustentar buena parte del ciclo productivo.

1. ....
....

En el mundo natural no hay residuos: los residuos de una especie se convierten en alimento para otra. La energía proviene del sol, los seres vivos nacen y mueren, y el suelo recupera siempre los nutrientes de forma segura. Pero los seres humanos hemos adoptado siempre un enfoque lineal en la manera de producir: primero descubrimos algo, luego lo producimos, lo usamos y finalmente lo tiramos. Por ejemplo, un nuevo móvil sale al mercado, lo compramos y tiramos el antiguo, nuestra lavadora se estropea y compramos otra… Cada vez que hacemos esto generamos residuos tóxicos que no se recuperan y contaminan el planeta.

2. ....
....

Pero, si adoptamos el modelo que nos ofrece la naturaleza para producir las cosas, lograremos pasar de la economía lineal –extraer, producir, consumir y tirar– a la economía circular; es decir, podremos convertir nuestros residuos en nuevos materiales en lugar de tener que desecharlos. Si volvemos a diseñar los productos, sus componentes y sus envases, crearemos materiales seguros que contribuirán a generar otros productos, o serán biodegradables y no dañarán ni contaminarán la Tierra. Aun así, tenemos que pensar qué hacer con los residuos no biodegradables, como las lavadoras, los móviles o las neveras.

3. ....
....

Adaptado de https://gestoresderesiduos.org/noticias/espana-ya-tiene-listo-el-borrador-de-su-primer-plan-de-economia-circular y de www.ellenmacarthurfoundation.org

RAE

LÉXICO

Español de España › nevera, frigorífico : *En la **nevera** hay de todo. Anda, haz algo, pon música.* *¿Sabes deshelar el **frigorífico**?*
Español de América › refrigerador, heladera : *No tenemos **refrigerador** ni despensa, pero puedo ofrecerles un taco de frijoles.* *Abrí la **heladera** y metí las dos botellas.*

Español de España › congelador : *Era media tarde y Mariana no había vuelto del trabajo. Extrajo del **congelador** los dos filetes de cazón que habían comprado para la semana.*
Español de América › *freezer* : *Ya hice las tartas. Las dejé en el **freezer**.*

Español de España › lavadora : *Carmen saca ropa mojada del tambor de la **lavadora** y la mete en la centrifugadora.*
Español de América › lavarropas : *Mi suéter favorito estaba totalmente arruinado. Ella lo había metido en el **lavarropas** con las toallas sin darse cuenta.*

2.2 **En grupos pequeños** Comparad vuestros resúmenes con los de otra pareja. ¿Se parecen?

Primera condicional
Para hablar de acciones futuras que dependen de una **condición** se usa la estructura *si* + presente de indicativo + futuro simple:

Si tengo tiempo, te llamaré.

3 En grupos pequeños

En grupos pequeños En el último párrafo del artículo se plantea una cuestión: ¿qué podemos hacer con los materiales que no son biodegradables? Fíjate en la estructura de la siguiente frase y, siguiendo el modelo, plantea soluciones al problema.

Si volvemos a diseñar los productos, sus componentes y sus envases, crearemos materiales seguros y biodegradables que contribuirán a generar otros productos o a cultivar la tierra.

3.1 **Todo el grupo** Comparte las ideas de tu grupo con la clase. Tu profesor/a va a anotar en la pizarra todas las propuestas que se hacen.

3.2 [31] Estas personas han contestado también a la pregunta. Escucha y completa sus respuestas.

1. Si .... una licencia de uso de los dispositivos electrónicos, la empresa .... los componentes al finalizar su uso.

2. Si la empresa nos .... los nuevos componentes de los dispositivos por una pequeña cantidad a cambio de los antiguos, ... la vida útil de los aparatos.

3. Si se .... energías renovables en los transportes, el problema de la contaminación .... menor.

4. Si .... productos de cercanía, ... el transporte aéreo, que es el que más contamina.

3.3 **Todo el grupo** Compara las ideas de estas personas con las de la pizarra. ¿Coinciden? ¿Cuáles piensas que son fáciles de aplicar y cuáles no? ¿Por qué? ¿Crees que educar y concienciar sirven para cambiar los comportamientos actuales?

4 [32] Escucha la opinión de estos expertos que hablan sobre energías alternativas y actividades sostenibles. Relaciona cada intervención con su imagen correspondiente. ¿Cuál de ellas no se menciona? ¿Sabes en qué consiste?

☐ energía eólica

☐ coche eléctrico

☐ energía solar

☐ ecoturismo

5 **En parejas** ¿Cómo crees que serán dentro de 50 años la salud, los robots, los coches, la energía o los viajes espaciales? Tienes que justificar tu respuesta. Fíjate en el ejemplo.

Ejemplo: *Probablemente en 20 o 30 años la temperatura del planeta aumentará en 2 o 3 grados y por eso desaparecerán algunas especies y nacerán otras nuevas. Lo malo es que no serán cambios naturales, sino provocados por la acción del hombre.*

Hacer predicciones

- **Seguramente**
- **Probablemente**
- **Posiblemente**
- **Creo que**
- **Me imagino que**
- **Seguro que**
- **Supongo que**

\+ futuro simple

*Seguro que en 50 años **habrá** menos enfermedades.*

5.1 **Todo el grupo** Esto es lo que se prevé con respecto a los temas anteriores. ¿Coincides con los expertos?

opinionesdeciencia.es

José Luis Cordeiro, profesor de la Singularity University, en California, afirma: "Creo que los avances científicos nos darán la posibilidad de curar el envejecimiento. Ya se está haciendo a nivel celular y de tejidos, pero podremos hacerlo en todo el organismo. Yo no pienso morir, no está entre mis planes", aseguró.

De aquí a 50 años probablemente llegaremos a Marte. Los viajes espaciales responderán a la necesidad de supervivencia de nuestra especie por el impacto negativo que estamos provocando en el planeta y por la superpoblación.

En cuanto al transporte terrestre, estamos seguros de que dentro de medio siglo los coches serán autónomos y no necesitarán conductores.

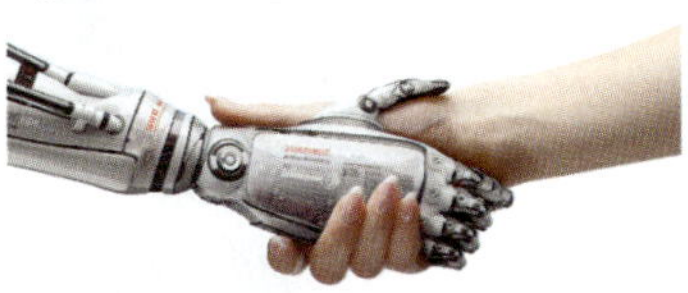

Los expertos imaginan un futuro en el que el aumento de la esperanza de vida y la soledad se convertirán en un problema y la robótica jugará un importante papel para su solución. En Japón ya se dan los primeros pasos en robots de acompañamiento de personas mayores y los avances son muy rápidos.

Si alguien piensa que dentro de 50 años las energías limpias y renovables moverán el mundo, se equivoca. O eso opina el geólogo Pedro Alfaro, catedrático de Geodinámica Interna. "Estamos viendo que el cambio a renovables va muy lento y el petróleo en 50 años no se acabará, así que es posible que sigamos igual". Alfaro considera que el problema de que se generalice el uso de las energías renovables y limpias es el coste. ¿La gente estará dispuesta a pagar más? Ya veremos...

Adaptado de http://www.laopiniondemalaga.es/sociedad/2017/06/12/futuro-espera-50-anos/936860.html

EL FESTIVAL DE CINE DE

1 **Todo el grupo** ¿Qué festivales de cine conoces? ¿Te gusta seguirlos?

2 Lee el texto y contesta a las preguntas.

1. Nombra algún acontecimiento importante ocurrido en el Festival de San Sebastián.
2. ¿Qué categoría tiene el festival en el panorama mundial?
3. ¿Qué personajes famosos de los que se mencionan en el texto conocías?
4. ¿Qué utilidad tienen los festivales de cine?

El **Festival Internacional de Cine de San Sebastián** es un certamen cinematográfico de la máxima categoría (A) acreditada por la Federación Internacional de Asociaciones de Productores Cinematográficos (FIAPF), que lleva celebrándose desde 1953. Cada año, a finales de septiembre, un número importante de personalidades del mundo del cine acude a la ciudad vasca de San Sebastián (al norte de España) para participar en este festival de cine.

A lo largo de su historia, ha sido escenario de acontecimientos muy importantes, como el estreno internacional de dos películas de Alfred Hitchcock (*Vértigo* y *Con la muerte en los talones*) o el estreno europeo de la saga de *Star Wars*.

En su más de medio siglo de existencia, el festival ha descubierto nuevos talentos del mundo del cine impulsando las carreras de directores como Francis Ford Coppola o Pedro Almodóvar. Asimismo, todos los años acuden al festival figuras consagradas como Robert De Niro, Brad Pitt, Javier Cámara, Julia Roberts, Penélope Cruz, Javier Bardem o Ricardo Darín, entre otros muchos.

Adaptado de https://es.wikipedia.org/wiki/Festival_Internacional_de_Cine_de_San_Sebastian

Concha de Plata a la mejor directora en la 65.ª edición del festival por su película *Alanis*. Foto: Jorge Fuembuena

SAN SEBASTIÁN

Los premiados en la 65.ª edición del Festival de San Sebastián. Foto: Montse Castillo

Penélope Cruz y Javier Bardem, protagonistas de la película *Loving Pablo*, en la 65.ª edición del Festival de San Sebastián. Foto: Pablo Gómez

DONOSTIA ZINEMALDIA
FESTIVAL DE SAN SEBASTIÁN
INTERNATIONAL FILM FESTIVAL

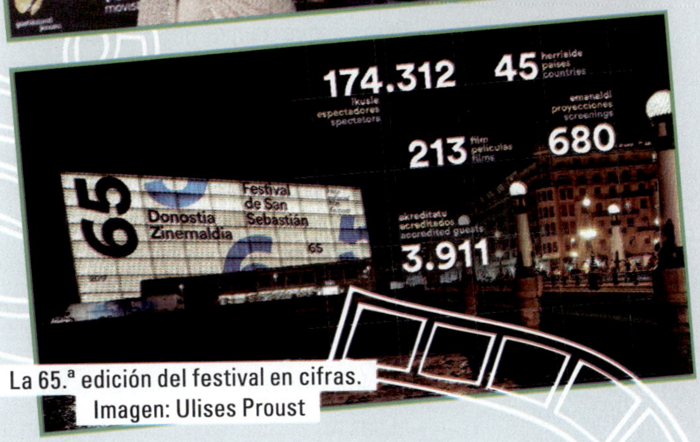

La 65.ª edición del festival en cifras. Imagen: Ulises Proust

En la actualidad, el festival se ha renovado y concede especial importancia al cine independiente de calidad internacional y muy especialmente al cine latinoamericano y español, capaz de atraer a aficionados y críticos, con una mayor presencia de actores y directores conocidos por el público.

Se entregan varios premios a lo largo del certamen, pero los más importantes son:

- Concha de Oro a la mejor película (para el productor).
- Concha de Plata al mejor director.
- Concha de Plata a la mejor interpretación protagonista.
- Premio del Jurado a la mejor fotografía.
- Premio del Jurado al mejor guion.

3 **Todo el grupo** ¿Sueles ver las películas que ganan los premios más importantes de cine en los diferentes festivales? ¿Por qué?

Vídeo

HOSTAL Babel

Dentro de mil años

Antes del vídeo

1 Fíjate en los siguientes recipientes y escribe su nombre.

(1)  ....

(2)  ....

(3)  ....

(4)  ....

1.1 **Todo el grupo** ¿Qué tienen en común estos envases? Discútelo con tus compañeros.

2 Carla, Leo y Tere preparan una cena especial. Completa la conversación con las palabras del recuadro y comprueba tu respuesta anterior.

residuos | bandejas | bolsas | desechables | degradarse | de vidrio | contaminantes | tetrabrik | plástico

Hugo: Pero… ¿qué compraron? ¡Verduras en envases de [1] ....! ¡Eso no se debe comprar nunca!

Tere: ¿No te gusta?

Hugo: No es por la verdura, es por esos horribles envases. Son muy contaminantes. ¿Sabes cuántos [2] .... producirá esta cena?

Carla: Pero, Hugo…

Hugo: ¡La fruta y la verdura nunca se deben comprar envasadas!

Leo: Vale, lo tendremos en cuenta para la próxima vez.

Hugo: ¡Esas [3] .... tardarán más de 30 años en degradarse! ¡Son muy [4] ....!

Tere: ¡Vaya!

Hugo: Y todas esas [5] .... de plástico están hechas de un material que se llama *polietileno*.

Leo: ¿Cómo?

Hugo: PO-LIE-TI-LE-NO… Esas cosas tardarán 150 años en desaparecer. ¡150 años!

[…]

Tere: Hugo, tranquilo. Mira, te hemos comprado zumo. ¿Te apetece uno?

Hugo: ¿Jugo en [6] ....? ¿Pero tú sabes cuánto tiempo necesitará eso para [7] ....?

Tere: Ay, hijo, ni idea…

Hugo: ¡Eso desaparecerá dentro de 500 años! ¡Ay! No me digan que también compraron vasos [8] ....…

Carla, Leo y Tere: ¡Sí!

Hugo: Esos vasos se hacen con polipropileno y estarán contaminando este planeta durante ¡1000 años!

Tere: ¡Qué pesadilla!

Hugo: ¿Para qué usamos vasos desechables si aquí en la cocina tenemos vasos [9] ....?

Carla: Bueno, pensamos que es más cómodo, porque no hace falta lavarlos. Se usan, se tiran y chau.

Durante el vídeo

3 Visiona el fragmento 01:53 ▶ 04:01, comprueba si tus respuestas anteriores son correctas y corrígelas en caso necesario.

4 Visiona todo el capítulo y haz un resumen de este. Recuerda que debes escribir las ideas principales de la historia.

5 Observa estos gestos en el vídeo. ¿Qué transmiten? ¿Enfado, extrañeza, tranquilidad...? Anótalo en cada caso y escribe también qué palabras usan los protagonistas para acompañarlos.

1 

▶ 00:36 ....

2 

▶ 01:11 ....

3 

▶ 02:33 ....

4 

▶ 02:40 ....

5 

▶ 02:58 ....

6 

▶ 03:10 ....

7 

▶ 03:28 ....

8 

▶ 04:00 ....

Después del vídeo

6 **En parejas** En el vídeo se mencionan las palabras *patatas*, *zumo*, *jugo* y *papas*. ¿A qué variedad de español pertenecen? ¿Al de España o al de Hispanoamérica?

7 **En parejas** ¿Recuerdas qué significa la palabra *heladera*? ¿En qué variante del español se usa? ¿Sabes qué otras palabras sinónimas hay y en qué variante se usan?

8 **Todo el grupo** ¿Estás de acuerdo con Hugo? ¿Crees que su postura es muy exagerada o es realista? ¿Cómo crees que será nuestro futuro en 150 años si seguimos utilizando bolsas de plástico, tetrabriks y productos desechables?

Evaluación

1 Elabora una lista de seis palabras o expresiones relacionadas con la economía circular.

1. ....
2. ....
3. ....
4. ....
5. ....
6. ....

2 Escribe debajo de cada imagen qué tipo de residuo es.

vidrio | otros residuos | peligroso | plástico y metal | cartón y papel | orgánico

1 

....

2 

....

3 

....

4 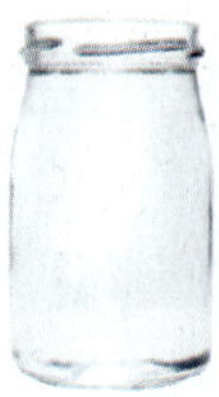

....

5 

....

6 

....

3 Escribe dos usos del futuro simple y pon un ejemplo de cada uno.

1. ....
2. ....

4 Completa las frases con el futuro simple del verbo correspondiente.

acostarse | llegar | aprobar | hablar | llamar

1. No me gusta trabajar tantas horas. Mañana .... con mi jefe.
2. Si termino pronto, ... a mis amigos para salir un rato.
3. Esta noche .... temprano. Estoy cansadísimo.
4. Si estudias, ... el examen.
5. Lo siento, me he dormido y .... tarde.

5 Escribe el futuro simple de los siguientes verbos irregulares.

	Saber	Valer	Salir	Haber	Poner	Caber
yo						
tú						
él, ella, usted						
nosotros/as						
vosotros/as						
ellos, ellas, ustedes						

6 Escribe frases explicando tus planes para...

esta noche: ....

mañana: ....

el año que viene: ....

dentro de 10 años: ....

7 ¿Has pensado en cómo será tu español dentro de 15 años? Escribe una breve redacción.

Mi español dentro de 15 años ....

....

....

....

....

8 Lee la siguiente afirmación y continúa las frases con condiciones que, si se cumplen, mejorarán la salud del planeta.

"Cada uno de nosotros, con nuestra forma de vida, puede ayudar a mejorar el estado de salud del planeta en el que vivimos"

– Si ....

– Si ....

– Si ....

9 Marca las afirmaciones correctas.

1. ☐ El Festival de San Sebastián se celebra en el sur de España.
2. ☐ Durante el festival se estrenaron algunas películas de Alfred Hitchcock.
3. ☐ Al festival solo acuden personalidades del mundo del cine de España e Hispanoamérica.
4. ☐ El premio más importante es la Concha de Oro, que se concede a la mejor película.

Unidad

8

¿Qué te sugiere el título de la unidad?

¿Qué crees que están haciendo las personas de esta fotografía?

¿Sabes cómo se llaman las personas que crean publicidad?

Vuelve a mirar la imagen; ¿con qué palabras la asocias?

En línea

En esta unidad vas a. . .

- Conocer la publicidad en línea
- Dar órdenes, instrucciones, recomendaciones y permiso
- Expresar obligación
- Saber cómo era la publicidad de los años 80 en España

¿Qué sabes?

1 **En parejas** Fíjate en las siguientes fotografías. ¿Conoces palabras relacionadas con la publicidad? ¿Cuáles? Haz una lista. Luego compártela con tu compañero/a para llegar a una lista común.

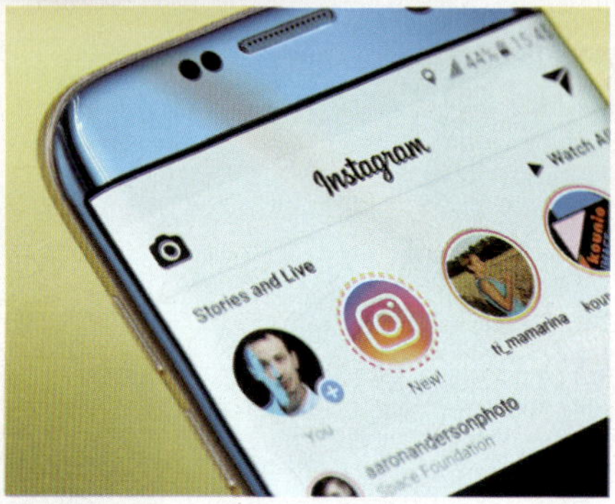

2 [33] **Escucha los siguientes diálogos y completa las frases con la forma verbal que utilizan. ¿Recuerdas cómo se llama este modo verbal?**

1. [1] .... el metro hasta plaza Universidad y después [2] .... andando 5 minutos hasta las Ramblas.
2. ¡[3] .... a Asturias! Es una región preciosa, con bosque y mar, y no hace mucho calor. ¡Te encantará!
3. Sí, claro. [4] .... la nevera y [5] ....
4. ¿Qué haces? ¡[6] .... aquí ahora mismo y [7] .... los deberes!

2.1 [33] **Vuelve a escuchar y relaciona cada diálogo con su uso.**

Diálogo 1	a. Dar permiso.
Diálogo 2	b. Dar órdenes.
Diálogo 3	c. Recomendar y aconsejar.
Diálogo 4	d. Dar instrucciones.

1.1 **En parejas** Lee el siguiente texto y explica de qué modo hace Miguel sus compras. Señala las palabras que te han ayudado a deducir la respuesta.

> Yo siempre hago las compras así porque es más barato, más cómodo y puedes leer información y opiniones de otros usuarios. Compro siempre con tarjeta de crédito porque muchas compañías protegen a los clientes que utilizan este tipo de tarjetas. También leo atentamente la información sobre privacidad de datos. ¡Hazlo siempre!

1.2 **Todo el grupo** ¿Qué recursos has utilizado para aprender de manera eficaz las palabras relacionadas con la publicidad y las compras en línea? Ordénalos de más a menos eficaces según tu opinión. Luego comparte tu clasificación con tus compañeros.

1. ☐ Relaciono las palabras con imágenes.
2. ☐ Escribo listas de palabras relacionadas con este ámbito.
3. ☐ Aprendo las palabras mediante la lectura de textos breves.
4. ☐ Memorizo las nuevas palabras.
5. ☐ Otros recursos: ....

....

3

En grupos pequeños ¿Sabes expresar órdenes o peticiones? Mira las imágenes. ¿Qué les dices a estas personas? Hay varias posibilidades. Fíjate en el ejemplo.

Ejemplo: *Apaga la tele, es tarde.*
¿Puedes apagar la tele, por favor?

Palabras

1 **En parejas** Estas palabras están relacionadas con internet y el mundo de la publicidad. ¿Sabes qué significan? Coméntalo con tu compañero/a.

1.1 **En parejas** Relaciona las definiciones con las palabras anteriores para comprobar tu respuesta.

1. ______ Número de veces que se publica un anuncio en un sitio web.
2. ______ Palabra o serie de palabras precedida por el símbolo de almohadilla (#).
3. ______ Página web en la que los internautas intercambian información creando una comunidad virtual.
4. ______ Acceso de una persona a un sitio web.
5. ______ Formato publicitario en internet con imágenes. A veces es interactivo y animado.
6. ______ Una publicación periódica enviada por correo electrónico a los usuarios de una web.
7. ______ Sistema informático para encontrar información almacenada en servidores web.
8. ______ Mensaje que se envía a través de la red social Twitter.

RAE

LÉXICO

Español de España

› banderola o *banner*: *Algunas organizaciones han colocado en sus páginas* ***banderolas*** *publicitarias que cualquiera puede copiar y colocar en su web.*

› etiqueta: *Navegando a través de la* ***etiqueta*** *se puede llegar a decenas de artículos sobre el mismo tema.*

› tuit: *Se pueden ver vídeos de lo que ocurre tras la cámara y una guía para seguir los* ***tuits*** *de los personajes de la serie.*

Español de América

› *banner*: *La versión gratis se financia mostrando un* **banner** *con publicidad en su interfaz.*

› *hashtag*: *El* **hashtag** *se incluye dentro del mensaje anteponiendo el símbolo # ante la palabra.*

› *tweet*: *Si se toma la decisión de usar la información de un* **tweet**, *debe referirse el nombre del usuario y textualmente lo que publicó.*

1.2 **En parejas** Lee las frases y sustituye las palabras destacadas por las correctas. Fíjate en el contexto.

1. Me encanta lo que dicen **los buscadores** del Instagram de Ana. ¡Son tan divertidas!
2. Ayer me llegó al correo electrónico el último **tuit** de tu web.
3. Lo que menos me gusta de internet son **las redes sociales**. Me pongo muy nervioso cuando aparece uno de ellos porque no me deja leer la noticia.
4. Raúl no puede vivir sin **las etiquetas**. Dice que es la mejor forma para comunicarse con amigos, conocer gente, hacer publicidad...
5. Sara ha sido muy desagradable en su último **boletín**. Ha revolucionado Twitter.
6. Para saber si una web es de calidad, debemos medir **la frecuencia**.
7. **La visita** de un anuncio en un sitio web es un factor importante para su éxito.
8. Mi vida profesional es más fácil con **los *banners***. Si tengo alguna duda o quiero buscar algo, los consulto.

2 **En grupos pequeños** Ana hace muchas compras en línea. Reescribe las frases utilizando las expresiones del recuadro.

- garantía por defecto
- tarjeta de crédito
- reputación
- gastos de envío
- política de devolución y reembolso del dinero

1. Me gusta saber la opinión de otros consumidores, comprobar si están satisfechos o no.
   › Me gusta investigar sobre la .... de la empresa.
2. Quiero saber qué pasa si un producto está estropeado.
   › Quiero saber si existe ....
3. Me informo sobre qué sucede si un producto no me gusta y quiero devolverlo. ¿Me ingresan el dinero en mi cuenta?
   › Me informo sobre la ....
4. Quiero saber si tengo que pagar por el envío de la compra.
   › Quiero saber si existen ....
5. No me gusta que retiren el dinero inmediatamente de mi cuenta bancaria.
   › Utilizo una ....

2.1 [34] Ahora escucha a Ana, comprueba si las respuestas anteriores son correctas y corrígelas en caso necesario.

2.2 [34] Escucha de nuevo y relaciona la información.

1. Ana busca siempre la identidad de las empresas...
2. En la página web se debe informar de si existe política de devolución...
3. Muchas compañías no informan de los gastos de envío...
4. Las tarjetas de crédito...
5. Ana quiere saber si hay una garantía en la compra del producto...

a. y luego los cobran.
b. son más seguras que las tarjetas de débito.
c. porque algunas no son conocidas.
d. porque a veces se compran cosas y al poco tiempo no funcionan.
e. y de cómo hacen el reembolso.

3 **Todo el grupo** ¿Y tú? ¿Eres de los que compran por internet como Ana? Comenta con tus compañeros lo que haces tú normalmente y por qué.

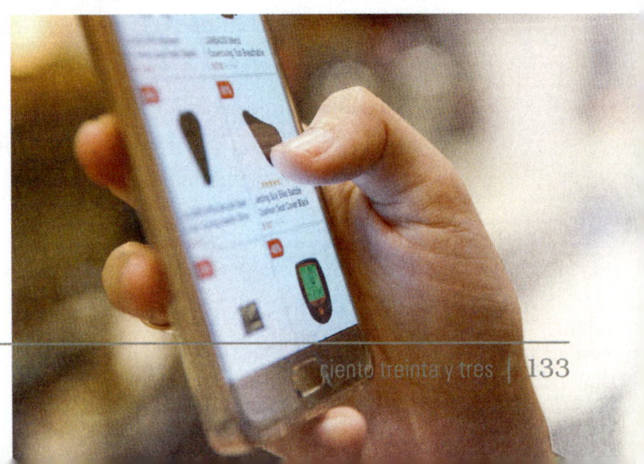

Gramática

1 Imperativo afirmativo y negativo

Recuerda:

- En imperativo afirmativo, la persona *vosotros/as* es siempre regular.
- Hay verbos con cambios ortográficos: *no apa**gues**, practi**que**, no co**j**as, reali**ce**...*

En el imperativo negativo:

- Los verbos en *e > ie, o > ue* son regulares en *vosotros/as*: *no empecéis, no volváis...*
- *Dormir* y *morir* tienen la irregularidad *o > u* en *vosotros/as*.
- Los verbos en *e > ie* terminados en *-ir (divertirse, sentir...)* cambian *e > i* en *vosotros/as*.

- **Imperativo afirmativo regular**:

	Hablar	Beber	Vivir
tú	habla	bebe	vive
usted	hable	beba	viva
vosotros/as	hablad	bebed	vivid
ustedes	hablen	beban	vivan

- El **imperativo afirmativo irregular** mantiene las irregularidades vocálicas del presente de indicativo:
  - e > ie: p**ie**nsa, p**ie**nse, pensad, p**ie**nsen
  - o > ue: c**ue**lga, c**ue**lgue, colgad, c**ue**lguen
  - u > ue: j**ue**ga, j**ue**gue, jugad, j**ue**guen
  - e > i: p**i**de, p**i**da, pedid, p**i**dan
  - i > y: hu**y**e, hu**y**a, huid, hu**y**an
- Otros irregulares:
  - **sé**, **sea**, sed, **sean**
  - **ten**, **tenga**, tened, **tengan**
  - **haz**, **haga**, haced, **hagan**
  - **pon**, **ponga**, poned, **pongan**
  - **sal**, **salga**, salid, **salgan**
  - **ven**, **venga**, venid, **vengan**
  - **ve**, **vaya**, id, **vayan**
  - **di**, **diga**, decid, **digan**
  - **oye**, **oiga**, oíd, **oigan**
- El **imperativo negativo** se forma a partir de la forma ***usted*** del afirmativo añadiendo *-s* para *tú* e *-is* para *vosotros/as*:

	Hablar	Beber	Vivir
tú	no hables	no bebas	no vivas
usted	no hable	no beba	no viva
vosotros/as	no habléis	no bebáis	no viváis
ustedes	no hablen	no beban	no vivan

- El **imperativo negativo irregular** tiene, por regla general, las mismas irregularidades que la forma *usted* del imperativo afirmativo:

Empezar	Dormir	Pedir	Sentir	Tener	Salir	Decir
no empieces	no duermas	no pidas	no sientas	no **tengas**	no **salgas**	no **digas**
no empiece	no duerma	no pida	no sienta	no **tenga**	no **salga**	no **diga**
no empecéis	no durmáis	no pidáis	no sintáis	no **tengáis**	no **salgáis**	no **digáis**
no empiecen	no duerman	no pidan	no sientan	no **tengan**	no **salgan**	no **digan**

RAE

GRAMÁTICA

- En el español de América, tú y vos alternan en el imperativo negativo según las zonas geográficas: *(tú) no cantes/(vos) no cantés, (tú) no comas/(vos) no comás, (tú) no partas/(vos) no partás...*
- La forma voseante del imperativo negativo, tanto regular como irregular, se forma a partir de la persona *vosotros/as* del imperativo negativo que acabas de estudiar, suprimiendo la ***i*** de la terminación: *no cantéis > no cantés; no seáis > no seás; no tengáis > no tengás; no durmáis > no durmás...*

*No **empecés** vos ahora con tu melancolía, que bastante bien te va yendo en la vida.*

1.1 **Transforma los imperativos afirmativos en negativos.**

1. Compra ese ordenador. ....
2. Deja encendida la pantalla. ....
3. Deme sus datos bancarios. ....
4. Volved mañana. ....
5. Responded en español. ....
6. Escribe en el libro. ....
7. Mirad las soluciones. ....
8. Haz una lista. ....

1.2 **En este diálogo ficticio, un gato, Fredy, habla con su dueño, Carlos. Reconstruye el diálogo escribiendo los verbos en imperativo afirmativo o negativo, según corresponda.**

Carlos: Fredy, ¿dónde estás?

Fredy: Aquí estoy, solo. Dentro de la maleta.

Carlos: Pues [1] .... (abrir) la maleta y [2] .... (salir).

Fredy: ¡Voy!

Carlos: ¡No, no [3] .... (salir) todavía!

Fredy: ¿Qué pasa?

Carlos: Nada, el perro del vecino. Ya se ha ido. [4] .... (Salir) ahora y [5] .... (venir) conmigo.

Fredy: Vale.

Carlos: Mira, [6] .... (subir) a lo alto de este árbol. ¿Ves ese parque que hay a lo lejos?

Fredy: Sí.

Carlos: Pues [7] .... (ir) hasta allí. Hay muchos otros gatos. ¡Cuidado! No [8] .... (pasar) por esa calle, hay mucho tráfico.

Fredy: ¡Ah! ¡Qué miedo! [9] .... (Acompañarme, tú).

Carlos: No [10] .... (ponerme) excusas. [11] .... (Ir) allí y [12] .... (relacionarse); no es bueno estar solo.

2 Imperativo y pronombres

- En el imperativo **afirmativo** los pronombres van después del verbo y forman una sola palabra con él *(ábre**la**, levánte**se**)*.
  - Cuando hay dos pronombres, uno de objeto directo y otro de objeto indirecto, el orden es: imperativo + pronombre de OI + pronombre de OD: *dí**melo***.
  - Como ocurre con otras formas verbales, si el objeto indirecto es de 3.ª persona ***(le, les)*** y coincide con un objeto directo ***(lo, la, los, las)***, ***le, les*** se sustituyen por ***se***: *dí**selo***.
  - Con el pronombre ***os***, la ***-d*** del imperativo afirmativo de 2.ª persona del plural desaparece: *Lava~~d~~os las manos.* › *Lava**os** las manos.*
- En el imperativo **negativo** los pronombres se colocan delante del verbo, igual que ocurre con otros tiempos verbales:

  *No **lo** comas.* *No **os** acostéis tan tarde.* *No **se lo** deis.*

2.1 **En parejas** **Nicole publica un artículo en su Facebook con instrucciones de cómo hacer una compra en línea de forma segura. Ayúdala a sustituir las palabras resaltadas por un pronombre.**

Para hacer una **buena compra por internet**, debes tener en cuenta muchos factores:

- Es importante asegurarse de que la empresa existe. Busca la empresa por internet. Mira si tiene página web y visita la página web.
- Un buen antivirus te va a ayudar a hacer la compra de manera segura. Utiliza el antivirus.
- ¿Conoces el producto que vas a comprar? Lee con mucha atención la descripción del producto y no compres el producto sin leer antes la letra pequeña.
- Tu ordenador es el mejor lugar para hacer la compra en línea. No realices compras en línea desde un ordenador ajeno o desde una red wifi abierta.
- Introduce el número de tu tarjeta de crédito o débito. Si hay gente a tu alrededor, no muestres tu número a la gente.

¡Disfruta de comprar por internet!

Practica en contexto

1 **En grupos pequeños** Observa estos anuncios y di qué tienen en común. ¿Cuál de los tres medios publicitarios te parece más efectivo? ¿Por qué?

1.1 Lee los comentarios de este foro sobre publicidad y escribe una entrada. Fíjate en las expresiones en negrita que expresan obligación o posibilidad.

Publicidad y éxito

Ana Con la publicidad en internet **se puede llegar** a muchas personas y no es necesario invertir mucho dinero. El anuncio **tiene que tener** un buen diseño y su título o eslogan **debe ser** claro, original y breve.

Esteban Internet **puede ser** un buen medio para anunciar un producto, pero, si quieres tener éxito, **debes hacerlo** en televisión. Casi todos vemos la tele a diario y siempre escuchamos lo que nos quieren vender. En cambio, cuando leemos un artículo por internet y aparece un *banner* lo cerramos rápidamente sin mirarlo.

Marcos Primero **tienes que conocer** bien el medio y saber por qué la publicidad en internet es tan importante. Luego **puedes ver** qué tipos de anuncios existen y asesorarte. Si lo haces bien y creas una buena campaña de publicidad en línea, ganarás mucho dinero.

Sara Ahora la televisión ya no es tan efectiva como antes. Por ello **debes tener** una presencia activa en las redes sociales (blogs, Facebook, Instagram...). También es muy importante contar con una buena estrategia de *marketing* en línea.

Yo ....

....

....

1.2 **En grupos pequeños** Ahora intercambia impresiones con tus compañeros de grupo sobre este tema.

Expresar obligación

- ***Deber*** + infinitivo
  *El título de un anuncio **debe** ser breve y conciso.*
- ***Tener que*** + infinitivo
  *Los anuncios **tienen que** tener un diseño llamativo y un* banner *muy visual.*

Expresar posibilidad o capacidad

- ***Poder*** + infinitivo
  *Haremos la fiesta dentro de casa porque **puede** llover.*
  *Con internet **podemos** llegar a un mayor número de personas por poco dinero.*

2

[35]

Adriana escribe a un amigo para contarle lo que ha oído en una conferencia sobre publicidad en internet, pero hay algunas cosas que no ha entendido bien y hay cuatro datos incorrectos. Lee el correo, luego escucha la conferencia, anota los errores y corrígelos.

De: adriana@gmail.com Para: david@gmail.com Asunto: Nuevo negocio a la vista

¡Hola, David! ¿Cómo estás?

Yo sigo entusiasmada con la idea de montar nuestra empresa. Ayer fui a una conferencia en la que un experto hablaba de la importancia de las redes sociales para promocionar cualquier tipo de producto. La charla fue muy interesante, aunque hay cosas que creo que no entiendo.

Lo primero que dice es que tenemos que elegir una red social con muchos seguidores, excepto Facebook porque es minoritaria. Además comenta que es muy importante incluir *hashtags* específicos para nuestra audiencia, pero que no debemos destacarlos para que se confundan con el resto de la información, a mí esto me parece un poco raro... También habló de Twitter. Cree que tenemos que usar anuncios en Twitter, pero con cuidado, porque pueden tener un efecto negativo en nuestro negocio. Y le parecía que utilizar material audiovisual no aportaba nada; ¡qué raro!, ¿verdad?

Hay cosas que me parecen un poco raras. ¿Qué te parece si buscamos la conferencia en internet y la escuchamos juntos? Yo creo que no me he enterado muy bien... ¿Me echas una mano?

¡Muchos besos!

Adriana

Error	Correcto
1. *[...] excepto Facebook porque es minoritaria.*	1.
2.	2.
3.	3.
4.	4.

Dar consejos, instrucciones y órdenes

- Para dar **consejos** e **instrucciones** es muy frecuente el uso del imperativo:

  Leed *bien los enunciados del examen antes de contestar. Así evitaréis errores.*

  Disfrutad*. ¡Estáis de vacaciones!*

  Sigue *recto y* ***coge*** *el metro en plaza de España.*

- Para dar **órdenes** se usa el imperativo en situaciones familiares o donde hay confianza. También se puede usar en otros contextos, pero acompañado de palabras como ***por favor, si no te importa, si no es molestia***, etc., para no ser descorteses:

  No entres *en la cocina. El suelo está mojado.*

  Mario, ***por favor, si no te importa, tráeme*** *el informe del Sr. Ávalos.*

- En las órdenes generales y letreros dirigidos a un interlocutor desconocido, también puede usarse el imperativo:

  Conduzca *con precaución.*

  Tengan *cuidado con el escalón.*

3 **En grupos pequeños** Tu mejor amigo quiere hacer publicidad de su nuevo negocio en internet y está un poco perdido. Combina los verbos y las expresiones para darle consejos e instrucciones utilizando el imperativo. Puede haber varias opciones.

elegir · utilizar, usar · buscar · poner en marcha · incluir · publicar · incentivar · diseñar

dominio · banderola o *banner* · imagen de marca · etiqueta o *hashtag* · foto impactante · concurso · red social · vídeo · contenido · anuncio publicitario · usuario · palabra clave · tuit

3.1 **Todo el grupo** ¿Alguna vez has hecho tú o alguien de tu entorno publicidad en internet? ¿De qué? ¿Cómo lo habéis hecho? ¿Habéis obtenido buenos resultados?

4 **Todo el grupo** ¿Conoces estas empresas? ¿Sabes a qué se dedican? Describe su actividad. Puedes buscar información en internet.

4.1 **En parejas** ¿Qué otras tiendas en línea conoces? ¿Cuáles usas más? ¿Por qué?

4.2 [36] Tres personas hablan de sus experiencias comprando por internet. Escúchalas con atención, lee las afirmaciones y señala a quién corresponde cada una.

	Alba	Martín	Juanjo
1. Cree que debemos desconfiar cuando un producto es demasiado barato.	☐	☐	☐
2. Lo más seguro es comprar en foros donde la comunidad es más o menos conocida.	☐	☐	☐
3. Compró un producto de segunda mano y poco después de comprarlo ya no funcionaba.	☐	☐	☐
4. Ha comprado y también ha vendido muchas cosas por internet y nunca ha tenido problemas.	☐	☐	☐
5. No ha tenido ningún problema con la compra de ropa por internet.	☐	☐	☐

4.3 ¿Has tenido tú o alguien de tu entorno alguna experiencia similar? ¿Con cuál te sientes más identificado/a? Escribe un texto donde expliques tu propia experiencia y da tus propios consejos para comprar por la red de manera segura. Toma como muestra el audio de la actividad anterior.

No compres en una web o empresa desconocida porque...

4.4 **Todo el grupo** Comparte con tus compañeros tu experiencia y tus consejos. ¿Cuál de ellos creéis que es el más importante?

5 **En parejas** Mira las fotos y, según la situación, pide permiso o formula peticiones a tu compañero/a o bien concédele permiso o responde afirmativamente.

Ejemplo: ▶ *¿Puedo coger tu paraguas?/Déjame tu paraguas, por favor; es que está lloviendo y tengo que salir un momento.*
▷ *Por supuesto, cógelo.*

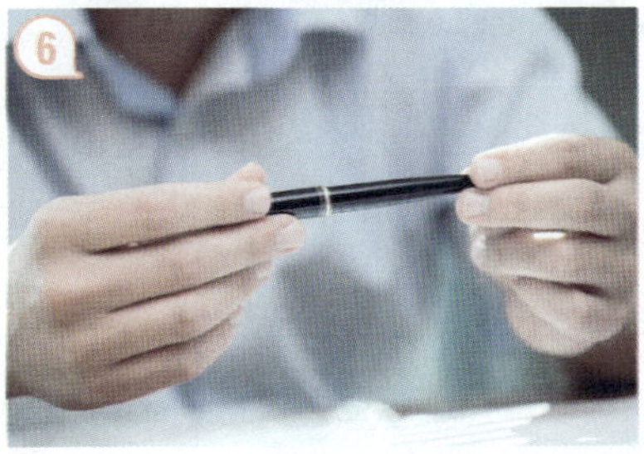

Pedir permiso y formular peticiones

Para **pedir permiso** y **formular peticiones**, puedes usar:

- ¿*Poder* + infinitivo?
  ¿Puedo pasar?
  ¿Podemos salir antes del trabajo?
- Imperativo
  Ayúdame a terminar este trabajo, por favor.
  Comprad el pan antes de volver a casa.

Conceder permiso

Para **conceder permiso** y **responder afirmativamente** a una petición, puedes usar:

- ***Sí, sí,/Claro que sí,/Desde luego,/Por supuesto,*** + imperativo
  ▶ *¿Puedo entrar?*
  ▷ *Por supuesto, pasa.*
- Imperativo **repetido**
  Sí, pasa, pasa.

La publicidad de los años 80

1 **En parejas** Lee el texto y ordena los párrafos correctamente. Después compáralo con tu compañero/a.

- [ ] Prueba de ello fue Naranjito, la mascota de la Copa Mundial de Fútbol organizada por España en el año 1982. El personaje representaba una naranja, fruto típico de la zona de Valencia y Murcia.

- [ ] La publicidad siempre ha sido reflejo de las sociedades en las que nace y esos años fueron una época de apertura social y vanguardismo en España. Se vivía una buena situación económica y los anunciantes aumentaron su inversión publicitaria.

- [ ] Durante los años 80, España se convirtió en la tercera potencia mundial en materia creativa y publicitaria. Los resultados obtenidos por las agencias y marcas durante esta época han servido para inspirar a toda una generación de creativos.

- [ ] La salud empezaba a ser uno de los grandes argumentos de los productos de alimentación, con muchas marcas que concienciaban a los consumidores sobre la importancia de mantener una dieta sana y equilibrada.

2 Observa estos productos de los 80 junto a su eslogan y relaciónalos con su significado.

Un eslogan es bueno cuando sobrevive a la marca, es decir, cuando todo el mundo lo recuerda aunque hayan pasado años y generaciones. Eso es lo que ocurre con algunos de los mejores eslóganes de la historia de la publicidad, que se convierten en inmortales.

1. ☐ Mensaje sencillo, contundente y tremendamente efectivo para vender un detergente para lavar la ropa.
2. ☐ Presenta dos modelos: uno transparente para una escritura de grosor normal y otro de color naranja para una escritura más fina.
3. ☐ El origen de este eslogan, que se utiliza habitualmente para resaltar las bondades del paso del tiempo en los rostros, no tiene nada que ver con la piel humana, sino con un tejido, el lino.
4. ☐ Este eslogan se utilizó por primera vez en las campañas que una marca de bebida gaseosa emitió por televisión y que tuvo muy buena acogida por parte del público.
5. ☐ Crema de cacao para untar que se promocionó con una canción que citaba sus ingredientes básicos, partiendo de los más a los menos nutritivos.
6. ☐ Publicidad que tenía el objetivo de ensalzar la familia, la amistad, el hogar y los momentos especiales que compartimos con las personas que queremos.

3 **Todo el grupo** Visiona en internet los anuncios de los productos anteriores. ¿Se parecen a los que se emiten en la actualidad?

Antes del vídeo

1 **Todo el grupo** ¿Conoces estos logos? ¿Sabes qué redes sociales representan?

1.1 Explica con tus propias palabras las características de las redes sociales anteriores.

1. ....
2. ....
3. ....

1.2 **Todo el grupo** Comparte tus definiciones con tus compañeros. ¿Son similares? ¿Cuál os parece más completa?

2 Ya conoces bien a los protagonistas del hostal Babel. En este episodio intervienen Bea, Tere y Carla, y en algún momento hablan de Leo. Con la información que tienes de ellos, responde a las siguientes preguntas.

1. ¿Quién cree que Instagram es la red social que está más de moda?
2. ¿Quién prefiere usar Facebook?
3. ¿A quién le gusta Twitter?
4. ¿Hay algún personaje en contra de las redes sociales?
5. ¿Qué consejo les da Bea a Carla y a Tere sobre las redes sociales?

2.1 **En parejas** Comparte tus respuestas anteriores con tu compañero/a y, si no estáis de acuerdo, defiende tu postura.

Durante el vídeo

3 Visiona el fragmento 00:30 ▶ 03:15, toma notas y comprueba tus respuestas anteriores.

> Tomar notas durante una proyección audiovisual te ayudará a retener la información importante y te permitirá realizar la tarea propuesta con más eficacia.

4 **Visiona el fragmento 03:15 ▶ 04:15 y relaciona la información con Bea (B), Tere (T) o Carla (C).**

1. ☐ Desconfía de las compras por internet.
2. ☐ No le gustan mucho las compras *online*.
3. ☐ Quiere hacer una compra *online*.
4. ☐ Cree que comprar por internet es seguro.
5. ☐ Piensa que se puede comprar de todo por internet.
6. ☐ Es la primera vez que compra por internet.

5 **Visiona el fragmento 04:15 ▶ 05:41 y completa el diálogo con las expresiones que faltan.**

Carla: ¿Ya encontraste [1] .... que estabas buscando?

Bea: Creo que sí. Pero mira, me sale esto que no sé qué es...

Tere: Eso es [2] .... Ignóralo.

Bea: ¿Ignorarlo? ¿Cómo?

Carla: [3] .... para cerrar.

Bea: Vale, ya. Cerrado.

Tere: Ahí tienes la lámpara. Es esa, ¿verdad? Pues [4] .... ahí para seleccionarla.

Bea: Sí, pero mira, me sale otro *banner* de esos.

Tere: [5] ...., solo es publicidad de otra lámpara. [6] .... Tú pulsa directamente en [7] .... "comprar".

Bea: Espera, en este *banner* me sale esta otra lámpara: "Flexo de lectura". [8] ...., eso parece interesante... Creo que voy a comprar este flexo para el salón.

Tere: Oye, pero eso no es lo que necesitabas, ¿no?

Bea: No, pero ya te he dicho que este catálogo *online* es muy interesante.

Carla: Pero, querida, [9] .... de lo que realmente querés comprar.

Bea: Sí, es cierto... Vamos a comprar la... ¡[10] ....! Esta otra lámpara blanca es perfecta para la cocina. ¡Es estupenda! ¡Quiero comprarla también!

Carla: ¡Pero, Bea!

Bea: [11] .... ¡Oferta de dos lámparas al precio de una! Voy a comprar las dos.

Tere: ¡Bea!

Bea: ¡Y, si compras tres, no te cobran [12] ....! ¡Qué bueno! Voy a comprar esta también.

Después del vídeo

6 **En parejas** En el vídeo, Bea está haciendo una compra por internet. ¿Cuál era su intención antes de entrar en la página web? ¿Y después? Coméntalo con tu compañero/a.

7 **Todo el grupo** El episodio termina con la frase: "¡No te dejes manipular por los anuncios, amiga mía!". ¿Crees que la publicidad en internet influye para que compremos más? ¿Crees que es más fácil comprar cosas innecesarias cuando se hace por internet o piensas que es al contrario?

8 **Todo el grupo** ¿Qué relación tienes tú con las redes sociales? ¿Cuál es la que te gusta más? ¿Y la que menos? ¿Por qué?

Evaluación

1 Escribe cuatro palabras relacionadas con los siguientes ámbitos.

Publicidad en internet	**Compras en línea**
1.	1. ....
2.	2. ....
3.	3. ....
4.	4. ....

2 Elige cuatro de las palabras anteriores y escribe una frase con sentido con cada una.

1. ....
2. ....
3. ....
4. ....

3 ¿Cuál es la función del imperativo en las siguientes frases?

Al llegar al hotel, gira a la derecha.

Lee el informe con calma. Es muy complicado.

¡No me hables!

▶ ¿Puedo ir a la fiesta, por favor?
▷ De acuerdo, ve, pero vuelve pronto, ¿eh?

4 **En parejas** Completa los siguientes consejos con los verbos del recuadro en imperativo negativo y piensa un título para el decálogo.

colgar | introducir | abrir | olvidar | dar | hacer | publicar | usar | dejar | entrar

DECÁLOGO PARA ....

1. .... fotos de menores sin el consentimiento de sus padres o responsables.
2. .... siempre la misma contraseña.
3. .... datos personales si estás usando una red wifi pública.
4. .... información de tu viaje si estás fuera de vacaciones.
5. .... correos electrónicos de desconocidos.
6. .... en páginas de descargas ilegales.
7. .... borrar datos del navegador.
8. .... clic en enlaces poco fiables.
9. .... información personal a desconocidos en redes sociales.
10. .... de seguir nunca los consejos anteriores.

5 Dale a tu compañero/a cinco instrucciones para hacer una compra en línea segura. Pueden ser afirmativas o negativas.

1. ....
2. ....
3. ....
4. ....
5. ....

6 Reescribe las frases sustituyendo las partes en negrita por pronombres.

1. Busca **la empresa** por internet. ....
2. No compres **los libros a tus hijos** por internet. ....
3. Paga **la compra** ahora. ....
4. No realices **pagos en línea** desde una red pública. ....
5. No muestres **tu número a la gente**. ....

7 Lee las frases y escribe el consejo que le/s puedes dar.

1. Tu padre come demasiado y últimamente ha engordado mucho.
   ....
2. Lucía y Nico están gritando y molestan a sus compañeros.
   ....
3. No hace frío y los niños van muy abrigados.
   ....
4. Tu amigo duerme muchas horas y luego está cansado.
   ....
5. La conferencia va a comenzar y ellos no han entrado aún.
   ....

8 Di si las siguientes afirmaciones sobre la publicidad de los años 80 en España son verdaderas o falsas.

1. Los eslóganes sobreviven siempre a la marca. .... V F
2. En el Mundial de Fútbol del 82 se creó una mascota a partir de una naranja. .... V F
3. La publicidad española se convirtió en los años 80 en una de las más importantes del mundo. .... V F
4. La nocilla es una especie de mermelada de frutas. .... V F
5. Según el eslogan, el Bic Naranja hace un trazo más gordo. .... V F
6. En los años 80 España vivió una época de crisis económica. .... V F

9 ¿Qué contenido de esta unidad crees que debes trabajar más? Piensa en un modelo de actividad para practicarlo: de gramática, de léxico, de comprensión de lectura, de práctica oral, etc., y explica por qué crees que es la actividad más adecuada.

Creo que debo trabajar más ....
Puedo mejorar este contenido haciendo una actividad de .... porque
....
....

Unidad

9 Compartir espacios

¿Qué están haciendo los miembros de esta familia? ¿Sabes el nombre de alguna de estas tareas?

¿Hay alguna tarea del hogar que te gusta hacer?

¿Sabes expresar en español un deseo y una prohibición?

¿Qué están bailando las personas de la foto?

En esta unidad vas a. . .

- Expresar deseos
- Dar consejos
- Expresar permiso y prohibición
- Conocer algunos ritmos latinos y a sus principales representantes

¿Qué sabes?

1 **En grupos pequeños** Observa la imagen de la casa y completa los nombres de las estancias y objetos señalados.

2 **En parejas** Vas a ayudar a un/a amigo/a con la decoración de su salón. Dile dónde puede poner cada cosa.

Para **dar consejos** puedes usar estas expresiones:

- Te aconsejo
- Te recomiendo
- Puedes

+ infinitivo

- Imperativo

Puedes poner el sofá a la derecha, debajo de la ventana.
Coloca la mesa en el centro de la habitación.

RAE

LÉXICO

Español de España › salón: *Nunca se había encontrado así, tan fresca, tan distinta, sentía Paula sentada en el* ***salón*** *de su ático, recién vestida ya y con un refresco de té.*

Español de Argentina › *living*: *Toman el café recién preparado en el* **living**.

Español de América › sala: *Cruza la* ***sala****, desde su habitación hasta una puerta que debe de conducir al baño.*

Español de España › dormitorio: *Un pequeño apartamento en la calle de San Bernardo, compuesto por un* ***dormitorio*** *mínimo, una sala que cumplía las funciones de estudio, salón y comedor, y una cocina.*

Español de Argentina › pieza: *"¿Van a pasar aquí la noche? Hay* ***piezas*** *disponibles" –les indica Rosa.*

Español de América › cuarto: *En el corredor del primer piso las puertas de los* ***cuartos*** *están cerradas.*

1.1 **En grupos pequeños** ¿Conoces el nombre de algún otro mueble, objeto doméstico o parte de la casa que aparece en la imagen? ¿Y de los que no están? Haz una lista e indica cuál es su sitio habitual en la casa.

Ejemplo: *El televisor lo podemos poner en el salón, pero también en el dormitorio o en la cocina porque es grande.*

3 **En parejas** Observa la imagen. ¿Qué tienen que hacer los dueños de la casa para ordenar y dejar limpia la habitación?

Ejemplo: *Tienen que limpiar la mesa.*

Palabras

1 [37] **Escucha la descripción que hace Marina de su nueva casa y completa.**

1. Tiene el .... muy alto porque es un .... antiguo.
2. El .... es de madera en casi toda la casa.
3. Excepto una .... del salón, que es gris, todo está pintado de blanco.
4. Hay un .... que separa el salón de los dos dormitorios.
5. El piso está completamente ....
6. La .... y el bidé son completamente nuevos.
7. El .... es de esos modernos de cristal.
8. Además de ducha, también hay una .... con *jacuzzi.*

1.1 **En parejas** **¿Sabes qué significan todas las palabras de la actividad anterior? Si es necesario, vuelve a escuchar el audio. Luego relaciónalas con las imágenes.**

....

....

....

....

....

....

....

....

....

1.2 [37] **Ahora vuelve a escuchar el audio y subraya las palabras que cambian según la variante del español de América.**

Pues mi nuevo departamento está muy bien y, además, es bastante barato. Tiene el techo muy alto porque es un edificio antiguo, pero está en muy buen estado, no te creas. El piso es de madera en todo el departamento menos en la cocina y en el baño. Las paredes son todas blancas, excepto una pared de la sala, que es gris. Hay un pasillo que separa la sala de los dos cuartos. Es bastante largo, pero muy luminoso porque tiene una ventana. El departamento está completamente amueblado. Los muebles están muy bien. Hay un clóset en cada habitación, un sofá muy cómodo en la sala y un par de sillones. La cocina está bien equipada: tiene refrigerador, lavaplatos, lavarropas... y todo bastante nuevo. Pero lo mejor es el baño: es muy bonito. El inodoro y el bidé son completamente nuevos. El lavamanos es de esos modernos de cristal y, además de regadera, también hay una tina con *jacuzzi.*

1.3 **Escribe una descripción de tu casa utilizando el vocabulario nuevo que has aprendido.**

2 **En parejas** Lee el plan que ha hecho Esteban para mantener limpia su casa y escribe el día correspondiente debajo de cada imagen. ¿Te parece un buen plan? ¿Qué crees que debería cambiar?

1

2

3

4

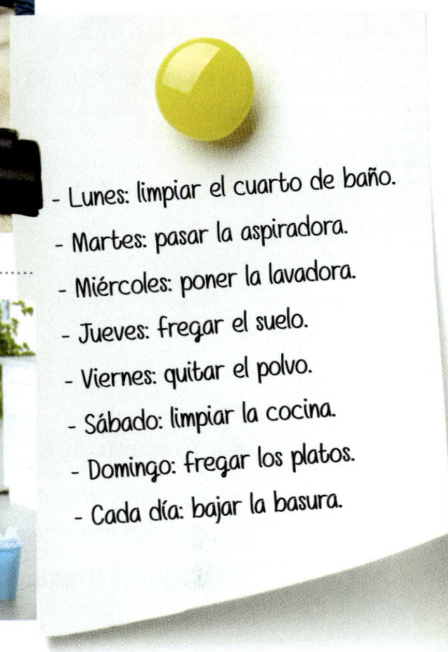

5

6

7

8

RAE

LÉXICO

Español de España
- Limpiar el cuarto de baño.
- Poner la lavadora.
- Fregar el suelo.
- Quitar el polvo.
- Limpiar la cocina.
- Fregar los platos.
- Bajar/Sacar la basura.

Español de México
- Alzar el baño.
- Poner la lavadora.
- Trapear el piso.
- Sacudir el polvo.
- Alzar la cocina.
- Lavar los trastes.
- Sacar la basura.

Español de Argentina
- Limpiar el baño.
- Poner el lavarropas.
- Limpiar el piso.
- Sacar el polvo.
- Limpiar la cocina.
- Lavar los platos.
- Sacar la basura.

2.1 [38] **Esteban está enseñando su nuevo apartamento a su amiga Rocío y le explica su plan de mantenimiento. Escucha la conversación. ¿Qué piensa Rocío del plan de Esteban?**

2.2 [38] Escucha el audio otra vez y escribe las tareas del hogar que corresponden a estas tres imágenes.

1

2

3

2.3 **En parejas** ¿Qué tareas del hogar prefieres hacer tú? ¿Cuáles te gustan menos?

Gramática

1 Presente de subjuntivo regular

El **presente de subjuntivo regular** tiene las siguientes terminaciones:

	Trabajar	Comer	Escribir
yo	trabaje	coma	escriba
tú	trabajes	comas	escribas
él, ella, usted	trabaje	coma	escriba
nosotros/as	trabajemos	comamos	escribamos
vosotros/as	trabajéis	comáis	escribáis
ellos, ellas, ustedes	trabajen	coman	escriban

Fíjate:
Los verbos en *-er* e *-ir* tienen las mismas terminaciones.

1.1 Completa las formas que faltan.

Hablar	hable			hablemos		hablen
Romper		rompas	rompa		rompáis	
Vivir	viva			vivamos		vivan

2 Presente de subjuntivo irregular

- Las formas irregulares en presente de subjuntivo se construyen a partir de las formas irregulares en presente de indicativo con algunos cambios.
- Verbos con **irregularidad vocálica**:

e › ie Pensar	o › ue Volver	e › i Pedir	i › y Huir
piense	vuelva	pida	huya
pienses	vuelvas	pidas	huyas
piense	vuelva	pida	huya
pensemos	volvamos	pidamos	huyamos
penséis	volváis	pidáis	huyáis
piensen	vuelvan	pidan	huyan

Fíjate:
- Los verbos que cambian *e* › *i* e *i* › *y* son irregulares en **todas las personas** en presente de subjuntivo.
- Los verbos *morir* y *dormir*, además del cambio *o* › *ue*, cambian *o* › *u* en las personas *nosotros/as* y *vosotros/as*: *durmamos, durmáis; muramos, muráis*.

- Los verbos que tienen irregular la **persona *yo*** del presente de indicativo también son irregulares en presente de subjuntivo, pero en todas las personas: hacer › **hago** › **haga, hagas, haga, hagamos, hagáis, hagan**.
  – Otros verbos: oír › **oiga**; poner › **ponga**; caer › **caiga**; conducir › **conduzca**...
- Algunos verbos tienen una **irregularidad propia** en este tiempo:

Estar › **esté, estés, esté, estemos, estéis, estén**
Haber › **haya, hayas, haya, hayamos, hayáis, hayan**
Saber › **sepa, sepas, sepa, sepamos, sepáis, sepan**
Ser › **sea, seas, sea, seamos, seáis, sean**
Ir › **vaya, vayas, vaya, vayamos, vayáis, vayan**
Ver › **vea, veas, vea, veamos, veáis, vean**

Fíjate:
Hay formas verbales, tanto regulares como irregulares, que sufren cambios ortográficos para conservar el sonido del verbo en infinitivo: *seguir* › *siga; cocer* › *cueza; recoger* › *recoja; buscar* › *busque*...

2.1 **En parejas** Transforma estas formas verbales del presente de indicativo al de subjuntivo. Luego compara con tu compañero/a.

1. quieres › ....
2. repetimos › ....
3. pongo › ....
4. salís › ....
5. hay › ....
6. conduces › ....
7. vengo › ....
8. jugáis › ....
9. busco › ....
10. somos › ....
11. traduzco › ....
12. sueña › ....

3 Usos básicos del subjuntivo

- El subjuntivo se usa en estructuras que sirven para:
  - Dar **consejos** y hacer **recomendaciones**: *Te aconsejo que **veas** esa película.*
  - Expresar **permiso** y **prohibición**: *Te prohíbo que **salgas** de casa.*
  - Expresar **deseos** y hacer **peticiones**: *Espero que mañana **haga** mejor tiempo.*
    *Quiero que **vayamos** a la sierra este fin de semana.*
- En los verbos que expresan consejo, recomendación, prohibición o permiso hay dos estructuras que se usan indistintamente:
  *Te aconsejo **que vayas** al médico. = Te aconsejo **ir** al médico.*
  *Os prohíbo **que salgáis** de noche. = Os prohíbo **salir** de noche.*
- En los verbos que expresan deseos o peticiones, si el sujeto del verbo principal es el mismo que el del segundo verbo, se usa infinitivo:
  Quiero (yo) ***que vayamos*** (nosotros) *a la sierra.* *Quiero* (yo) ***ir*** (yo) *a la sierra.*

3.1 **En parejas** **¿Qué crees que expresan estos verbos? Clasifícalos donde corresponda.**

permitir | querer | pedir | prohibir | dejar | aconsejar | desear | esperar | recomendar | sugerir | rogar | suplicar

Permiso y prohibición	Consejo y recomendación	Deseo	Petición

....	....	....	....
....	....	....	....

3.2 **Transforma de acuerdo con el ejemplo.**

Ejemplo: No te vayas. (Prohibición) › *Te prohíbo que te vayas.*

1. No te rías. (Petición) › ....
2. Vuelve un poco más tarde. (Permiso) › ....
3. Ve a esa exposición. (Recomendación) › ....
4. No entres aquí. (Prohibición) › ....
5. Préstame el coche. (Deseo) › ....
6. Estudia más. (Consejo) › ....

3.3 **En parejas** **Fíjate en las imágenes e inventa un breve diálogo para cada una: debes expresar prohibición, consejo, deseo o petición.**

3.4 **Todo el grupo** **Representad los diálogos para vuestros compañeros.**

Practica en contexto

1 **En parejas** Jessica ha escrito a Iván, su antiguo profesor de español. Lee el correo y corrige los errores que ha cometido.

> Fíjate:
> Corregir textos te ayuda a alcanzar la autonomía necesaria para revisar tus escritos a la vez que reflexionas sobre el funcionamiento de la lengua y aprendes de los errores.

De: Jessica Para: Iván Asunto: Madrid

Hola, Iván:
Espero que estás bien. Yo estoy muy contenta porque dentro de dos meses voy a ir a tu ciudad, ¡a Madrid!, para estudiar español en una escuela. Espero que mi español mejore porque ahora no es muy bueno. 😬
Iván, quiero que me aconsejes sobre una cosa. ¿Me recomiendas que vivo con una familia o en un piso compartido con otros estudiantes? ¿Qué crees que es mejor? Yo pienso que es mejor con una familia, pero a veces las familias tienen muchas normas y no permiten que los estudiantes hacen muchas cosas en la casa. Bueno, espero que me escribes pronto y que me digas qué te parece mejor.
Un abrazo,
Jessica

1.1 [39] **Escucha ahora el mensaje de voz que le ha dejado Iván a Jessica y completa la información.**

1. Iván espera que ....
2. Sobre la duda de Jessica, él le recomienda que ....
porque ....
3. Según Iván, con una familia a veces ....
4. También le aconseja que el alojamiento ....

Expresar hipótesis o probabilidad
- Quizá(s)
  *Juan no ha llegado aún; **quizá** se ha dormido.*
- Es probable/posible
  ▶ *Esta tarde va a llover.*
  ▷ *Sí, **es probable**.*
- Puede ser
  ▶ *¿Irás luego a la biblioteca?*
  ▷ *Sí, **puede ser**.*

1.2 **En parejas** Además, Iván le ha mandado a Jessica una lista de ideas para mejorar su aprendizaje de español. Junto a tu compañero/a, ordénalas de mayor a menor interés según tu criterio.

Jessica, te aconsejo que...

- ☐ dividas tu cuaderno en distintas partes: gramática, vocabulario, etc.
- ☐ analices y aproveches los recursos que ofrece el libro de español.
- ☐ hagas una lista de los objetivos alcanzados en un diario de aprendizaje, que puede ser otra sección de tu cuaderno.
- ☐ , antes de entregar tus escritos, los repases y corrijas tus errores.
- ☐ hagas anotaciones en el manual con las explicaciones dadas en clase.
- ☐ busques en internet ocasiones para interactuar en español.
- ☐ aproveches todas las situaciones similares a las trabajadas en clase para practicar.

1.3 **Todo el grupo** Comparte con tus compañeros tus conclusiones y arguméntalas.

2 [40] Jessica ha encontrado un piso de estudiantes en internet. Escucha la conversación telefónica que tiene con uno de sus futuros compañeros y señala, entre las opciones que hay a continuación, las tres que él describe.

Salón

1 ☐

2 ☐

3 ☐

Baño

1 ☐

2 ☐

3 ☐

Dormitorio

1 ☐

2 ☐

3 ☐

2.1 **Todo el grupo** Comparte con el resto de la clase tus conclusiones. Arguméntalas.

2.2 [40] Vuelve a escuchar. Forma frases relacionando elementos de cada columna y comprueba si has hecho bien la actividad anterior.

1. Hay dos sofás muy grandes...	a. la taza, los lavabos y la ducha.
2. A la derecha del otro sofá...	b. como en todo el piso.
3. Es muy moderno todo:...	c. que forman un ángulo.
4. El suelo es de madera,...	d. hay un escritorio pequeño.
5. Tiene las paredes...	e. pintadas de blanco y marrón.
6. Al lado de la ventana...	f. hay una chimenea muy bonita.

3 **En parejas** Jessica ha encontrado en internet una entrada sobre la convivencia en pisos compartidos. Antes de leerlo, escribe con tu compañero/a las tres reglas que, en tu opinión, son básicas para que la convivencia funcione.

1. ....
2. ....
3. ....

Organizar el discurso

Recuerda que estas palabras y expresiones ayudan a organizar los argumentos y las acciones que dan forma a un discurso:

- **Introducir** un primer argumento: *para empezar, en primer lugar, antes de nada...*
- **Añadir** argumentos: *por otro lado, también, tampoco, además...*
- **Concluir** la argumentación: *por último, para terminar, en último lugar...*

3.1 **Todo el grupo** Presenta al resto de la clase tus reglas y elabora una lista con las de tus compañeros.

3.2 **Todo el grupo** Lee la entrada y comprueba si las reglas que ha escrito tu clase aparecen en ella.

compartepiso.es

Si quieres que la convivencia en un piso compartido funcione, hay una serie de reglas básicas que es necesario tener en cuenta.
Por mi experiencia, yo recomiendo, para empezar, que se organice bien la limpieza de las zonas comunes de la casa, que se mantenga limpia y ordenada la cocina y que se haga lo mismo con el baño. Es importante dejar siempre los espacios comunes como los has encontrado.
Por otro lado, algo que todos esperamos cuando compartimos piso es que nuestros compañeros respeten las horas de descanso, por eso debes poner especial cuidado en no molestar cuando sabes que otros están durmiendo.
Una regla fundamental que nunca debes olvidar: está prohibido que entres en la habitación de tus compañeros o que cojas sus cosas sin su permiso. La habitación y las posesiones de los demás son sagradas, como deben serlo las tuyas para ellos.
Si piensas hacer una cena con tus amigos o una fiesta, avisa con tiempo suficiente antes de nada, cualquier actividad en las zonas comunes afecta a todas las personas que viven contigo.
Además, si está permitido que en vuestra casa haya animales, el dueño debe encargarse siempre de cuidarlos y mantenerlos.
Y, por último, aunque quizá lo más importante, te aconsejo que intentes ser siempre amable y tolerante con el resto de compañeros, esperando que los demás lo sean también contigo.

Extraído de www.easypiso.com

Fíjate:
Observar las imágenes que ilustran una actividad te ayuda a prever parte de su contenido. Fíjate bien en las imágenes antes de empezar a leer un texto o de escuchar un audio y verás como te ayudan a crear un contexto que te facilitará la comprensión.

3.3 **En parejas** Subraya en el texto las expresiones que llevan subjuntivo y clasifícalas en la tabla.

Deseo	Permiso	Prohibición	Consejo o recomendación

3.4 **Todo el grupo** ¿Estás de acuerdo con el autor de la entrada? ¿Alguna vez has compartido casa con otros estudiantes o amigos? ¿Cuál de las normas que sugiere la entrada te parece más importante?

3.5 **En parejas o grupos pequeños** Imagina ahora que eres uno de los compañeros de piso de Jessica y elabora una lista de normas para la casa decidiendo qué actividades están permitidas o prohibidas. Fíjate en el ejemplo y añade, al menos, una más.

Está permitido que...		Está prohibido que...
	Oír música en el salón.	*oigas música en el salón.*
	Hacer fiestas.	
	Invitar a amigos a cenar.	
	Tener animales.	
	Jugar a videojuegos en el salón.	
	Poner la lavadora cada día.	
	Hablar de política.	
	Poner la tele por la noche.	
	Otra:	

3.6 **Todo el grupo** Comparte con el resto de la clase tu lista. ¿Has coincidido en muchas cosas con tus compañeros?

4 [41] **Alberto y Carmen, dos de los compañeros de Jessica, explican el reparto de las tareas domésticas. Escucha y escribe qué tres tareas no aparecen en las imágenes.**

1. .... 2. .... 3. ....

4.1 [41] **Vuelve a escuchar; ahora anota en el calendario semanal cada tarea y quién la hace en el día correspondiente.**

Lunes	Martes	Miércoles	Jueves	Viernes	Sábado	Domingo
				Alberto, limpiar el baño		

4.2 **Todo el grupo** En tu casa, ¿cómo se reparten las tareas domésticas? ¿De qué manera colaboras tú?

CON RITMO LATINO

1 **En parejas** Cuatro de estos instrumentos son de origen latino y suenan constantemente en los ritmos latinoamericanos. ¿Sabes cuáles son?

2 **En parejas** Busca información en internet sobre los siguientes artistas latinos y toma notas. Luego lee el texto y complétalo con los nombres de los artistas según la información que has encontrado. Compara con tu compañero/a.

Juan Luis Guerra | Gloria Estefan | Los Panchos | Romeo Santos | Daddy Yankee

Gloria Estefan

Géneros musicales en Latinoamérica

Entre los diferentes ritmos y músicas de América Latina y el Caribe, los más populares son el merengue, la bachata, la salsa, el reguetón, la ranchera, el bolero, la cumbia, el tango y la milonga. Vamos a ver algunos de ellos.

La **bachata** es un ritmo bailable originario de la República Dominicana. Resulta de una combinación del bolero rítmico con estilos como el son cubano. Sus principales representantes son [1] ...., Prince Royce y Anthony Santos.

La **salsa** es una síntesis de influencias cubanas con otros elementos de la música latinoamericana y el *jazz*. La salsa se desarrolló en el Caribe y también en Nueva York. Sus exponentes más importantes son Celia Cruz, [2] .... y Joe Arroyo.

También el **merengue** procede del Caribe, concretamente de la República Dominicana, donde lo consideran el género musical nacional. Destacan entre sus intérpretes [3] ...., Elvis Crespo y Proyecto Uno.

Juan Luis Guerra

Chavela Vargas

El **reguetón** nace de la fusión del *reggae* jamaicano y el hiphop. Es el género más popular entre los jóvenes de habla hispana. Sus figuras más representativas son Don Omar, [4] .... y Arcángel.

El **bolero**, originario de Cuba, surgió a finales del siglo XIX con el tema titulado *Tristezas*, que dio al género su forma clásica con acompañamiento de guitarras y percusión. Los intérpretes más representativos de este género son [5] ...., Lucho Gatica y Chavela Vargas.

1

2

3

4

3 **En grupos pequeños** ¿Conoces a alguno de los demás artistas del texto? Elige uno de los géneros y busca en internet algún tema representativo. Luego escúchalo con tus compañeros. ¿Cuál os gusta más?

4 **Todo el grupo** ¿Sabes quiénes son los cantantes de las fotografías? ¿Cómo se llaman?

5 **Todo el grupo** Hay muchos artistas y grupos latinos que hacen música de otros géneros, como pop o *rock*. Lee la lista y señala los que conoces. ¿Qué música hacen? Busca también información de los demás artistas.

- [ ] Calle 13
- [ ] Ricky Martin
- [ ] Luis Miguel
- [ ] Julieta Venegas
- [ ] Marc Anthony
- [ ] Maná
- [ ] Chayanne
- [ ] Shakira
- [ ] Juanes
- [ ] Luis Fonsi
- [ ] Reik
- [ ] Sin Bandera

Vídeo

HOSTAL Babel

Un hostal democrático

Antes del vídeo

1 **Todo el grupo** Fíjate en la imagen. ¿Qué momento del día crees que es? ¿Qué piensas que ha sucedido antes? Argumenta tus respuestas.

2 **En parejas** Ahora observa esta secuencia de imágenes. Fíjate en el gesto de Tere y Carla de la primera y en el de Leo en la segunda. ¿Qué crees que ha pasado?

Durante el vídeo

3 Visiona el fragmento 00:30 ▷ 01:09 y comprueba si tus suposiciones de la actividad 1 son correctas.

4 Visiona el fragmento 01:10 ▷ 03:10 y luego responde a estas preguntas.

1. ¿Qué deben hacer los tres personajes? ....
2. ¿Por qué tienen que hacerlo ya? ....
3. ¿Qué puede pasar si no cumplen su promesa? ....

5 **En parejas** Visiona el fragmento 03:11 ▷ 04:45 y comprueba si has interpretado correctamente la secuencia de la actividad 2.

5.1 **En parejas** Vuelve a ver el fragmento anterior y luego escribe junto a cada tarea qué personaje la debe realizar.

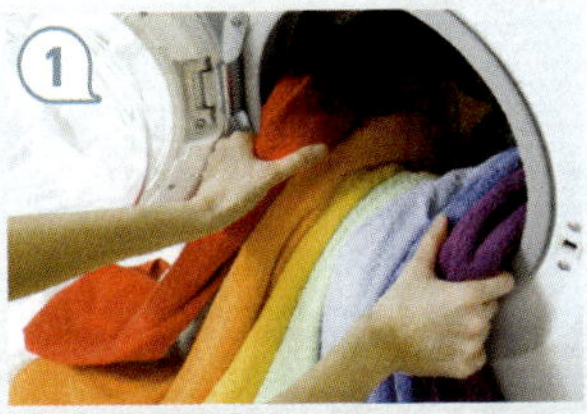

6 **En parejas** ¿Qué crees que les quedará por hacer cuando terminen de limpiar? Fíjate en la imagen, elige la opción correcta según tu opinión y compara con tu compañero/a. Luego visiona el fragmento 04:45 ▶ final para comprobar tu respuesta. ¿Has acertado?

1. Cuando terminan de limpiar, solo queda...
   a. recoger los utensilios de limpieza.
   b. bajar la basura.
2. La última tarea la hace Leo...
   a. porque se ofrece voluntario.
   b. porque las chicas votan para que la haga él.

Después del vídeo

7 **En parejas** Relaciona las columnas para recordar algunas frases dichas por los personajes y en las que usan el subjuntivo. Luego compara tu respuesta con tu compañero/a.

1. ¿Anoche? Te sugiero que...	a. limpies el baño.
2. Te aconsejo...	b. le guste cómo hemos dejado el hostal...
3. Nos va a prohibir que...	c. digas "esta mañana", mejor.
4. ¿Qué queréis que...	d. hagamos más fiestas aquí.
5. ¿Quieres que...	e. que empieces ya.
6. Votos a favor de que...	f. Leo limpie el baño...
7. Te encargamos que...	g. lo votemos?
8. Espero que a Bea...	h. haga yo?
9. Pues nosotras queremos...	i. que la bajes tú.

8 **Todo el grupo** ¿Has hecho alguna vez una fiesta en tu casa? ¿Cómo quedó después? ¿Quién ordenó y limpió?

Evaluación

1

Relaciona las palabras con su imagen correspondiente. Luego escribe una descripción de la casa de entre cincuenta y ochenta palabras.

- ☐ taza
- ☐ cocina
- ☐ armario
- ☐ ventana
- ☐ baño
- ☐ planta
- ☐ cama
- ☐ estantería
- ☐ dormitorio
- ☐ mesilla
- ☐ nevera
- ☐ silla
- ☐ lavabo
- ☐ pared
- ☐ suelo
- ☐ pasillo

2

Relaciona.

1. Pasar
2. Tender
3. Regar
4. Fregar
5. Quitar
6. Poner
7. Ordenar

a. la estantería.
b. el suelo.
c. la aspiradora.
d. la lavadora.
e. las plantas.
f. la ropa.
g. el polvo.

3

Ordena cronológicamente las imágenes de acuerdo con la narración de la página siguiente.

Siempre lo hago igual. El martes por la tarde limpio la cocina, aunque, como almuerzo en la oficina, no suele estar muy sucia. El jueves limpio bien el baño: la taza, el lavabo, la bañera... El viernes suelo poner la lavadora, dos veces: una para mi ropa y otra para la ropa de cama, sábanas y demás. El viernes por la tarde suelo fregar los pocos platos sucios que he acumulado durante la semana. El sábado por la mañana quito el polvo y después paso la aspiradora y, para terminar, friego bien el suelo. La basura suelo bajarla los domingos, normalmente una vez a la semana porque tengo poca, ¡como paso tan poco tiempo en casa...!

4 Aconseja a estas personas usando el presente de subjuntivo.

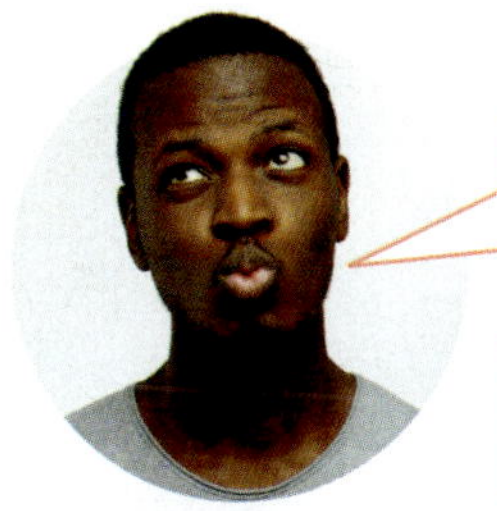

Me han ofrecido dos trabajos interesantes. En uno gano más, pero está fuera de la ciudad. El otro está al lado de casa.

No sé qué estudiar, Medicina o Veterinaria. Las dos carreras me gustan mucho, pero estoy muy indecisa.

No sé qué hacer en vacaciones, si ir a la playa y relajarme o hacer turismo de aventura en algún país exótico.

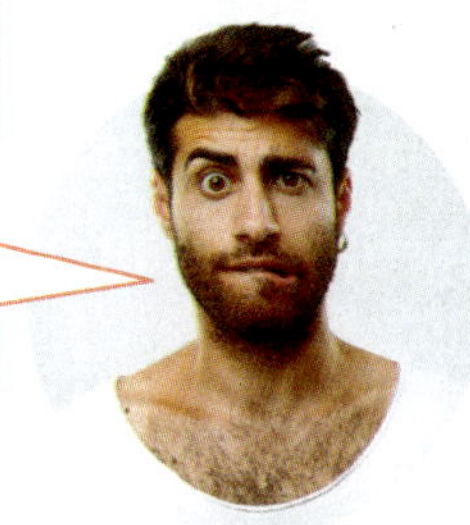

Tengo dos fiestas de cumpleaños el mismo día: la de mi novia y la de mi padre. ¿Qué hago?

5 Conjuga el verbo en la forma adecuada del presente de subjuntivo.

1. No quiero que .... (ir, vosotros) a la calle solos.
2. ¿Esperas que Marta .... (venir) a verte?
3. Os pedimos que .... (volver) no más tarde de las doce.
4. Nos prohíben que .... (salir) de la escuela durante el recreo.
5. ¿Me permite que le .... (hacer) una pregunta?
6. Te recomendamos que .... (leer) ese libro; te va a encantar.

6 Una madre le da dinero a su hijo. Imagina que le dice cinco cosas que puede hacer con el dinero y otras cinco que no puede hacer. Anótalas.

1. *Te dejo que...*
2. ....
3. ....
4. ....
5. ....

1. *No quiero que...*
2. ....
3. ....
4. ....
5. ....

7 Escribe al menos dos cosas que has aprendido en esta unidad.

....

....

Unidad

10

Fíjate en la foto principal. ¿Qué significa *rebobinar*? ¿Qué contenidos crees que vas a trabajar en esta unidad si tienes en cuenta su título?

¿Por qué crees que está tan cansado el chico de la foto?

¿Qué muestra la tercera imagen? ¿Recuerdas dónde está este lugar?

Rebobinamos

En esta unidad vas a...

- Hablar en pasado
- Dar órdenes, instrucciones y consejos
- Conceder permiso y expresar prohibición
- Expresar deseos
- Participar en un concurso de preguntas sobre España e Hispanoamérica

¿Qué sabes?

1 **En parejas** Observa algunas de las cosas que ha hecho Luis esta semana y escribe las acciones con el tiempo del pasado más adecuado teniendo en cuenta el marcador temporal que se indica en cada caso.

1. Esta mañana ....

2. Ayer ....

3. El lunes ....

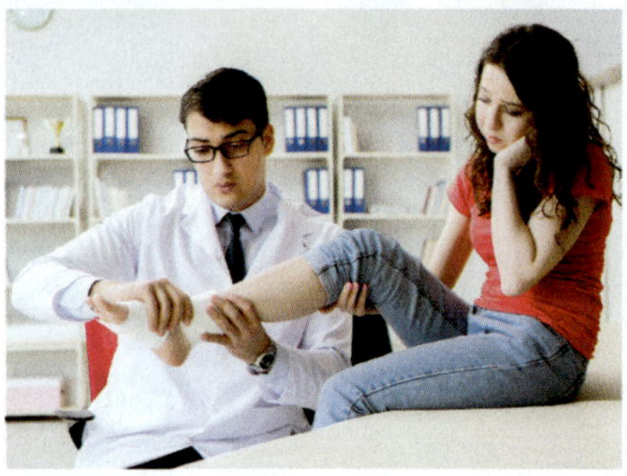

4. Hoy ....

5. Antes de ayer ....

6. Hoy a mediodía ....

7. Hace dos días ....

8. Anoche ....

9. Esta semana ....

1.1 **En grupos pequeños** Fíjate en la foto de Luis cuando era pequeño e imagina cómo era su vida entonces y qué cosas hacía normalmente. Comparte tus hipótesis con tus compañeros de grupo.

1.2 **En grupos pequeños** Cuenta a tus compañeros cómo era tu vida cuando ibas al colegio: ¿qué asignatura te gustaba más?, ¿quién era tu mejor amigo/a?, ¿cómo era tu maestro/a preferido/a?

2 Completa las formas que faltan del presente de subjuntivo regular.

	Hablar	Leer	Escribir
yo	hable		escriba
tú	hables	leas	
él, ella, usted		lea	escriba
nosotros/as	hablemos		escribamos
vosotros/as		leáis	escribáis
ellos, ellas, ustedes	hablen	lean	

2.1 **En parejas** Reescribe las frases que tienes a continuación en forma negativa. Luego compara con tu compañero/a.

1. Cierra la ventana.
No ....

2. Poned la mesa.
No ....

3. Traducidlo.
No ....

4. Váyase de aquí.
No ....

5. Sal ahora.
No ....

6. Haga la cama.
No ....

3 **En parejas** Da consejos a estas personas usando el imperativo.

3.1 Transforma ahora los consejos de la actividad anterior usando el verbo *aconsejar*.

Palabras

1 Relaciona las columnas.

1. Cosa que se crea, se diseña, se idea o se produce por primera vez.
2. Contaminación intensa del agua o del aire.
3. Estación del año donde el clima es caluroso.
4. Residuos de cualquier tipo.
5. Mar grande que cubre la mayor parte de la Tierra.
6. Página web en la que los internautas intercambian información creando una comunidad virtual.
7. Sistema informático que busca archivos almacenados en servidores web.
8. Mensaje digital que se envía a través de la red social Twitter.
9. Periodo de cien años.
10. Estación del año donde el clima es templado.

a. polución
b. primavera
c. red social
d. basura
e. tuit
f. océano
g. invento
h. siglo
i. buscador
j. verano

1.1 **En parejas** Clasifica las palabras anteriores en su ámbito y añade dos palabras más por sección.

Internet

Clima

Naturaleza y medioambiente

Historia

2 **En grupos pequeños** Completa con las palabras que faltan en la variante del español de España o del español de América. Después escribe un ejemplo para cada caso.

RAE

LÉXICO

Español de España

1. › ______ : ......
2. › ordenador : ......
3. › película : ......
4. › ______ : ......
5. › reservar : ***Reservé*** *dos habitaciones en un hotel para el fin de semana.*
6. › ______ : ......
7. › salón : ......
8. › dormitorio : ......
9. › patata : ......
10. › ______ : ......
11. › pimiento : ......
12. › ______ : ......

Español de América

1. › celular : ......
2. › ______ : ......
3. › ______ : ......
4. › *mouse* : ......
5. › (hacer una) reservación : ......
6. › nomás : ......
7. › ______ : ......
8. › ______ : ......
9. › ______ : ......
10. › banana : ......
11. › ______ : ......
12. › hacer *shopping* : ......

3 **Todo el grupo** Distribuid la clase en dos grupos: A y B. En primer lugar, leed con atención las preguntas y aseguraos de que sabéis todas las respuestas. Luego hacedle las preguntas al equipo contrario y confirmad si sus respuestas son correctas o no.

Grupo A

1. ¿Qué significa *ir de compras*?
2. ¿Qué tipo de comida es un yogur?
3. Tu profesor/a se va a casar; ¿qué le dices?
4. Para expresar la nacionalidad usamos el verbo...
5. Todas las maletas que llevas en un viaje son el...
6. ¿Qué se puede reservar?
7. Llevar un archivo de internet a nuestro ordenador es...
8. Define la palabra *contraseña*.
9. Di un sinónimo de *hecho* o *acontecimiento*.
10. ¿Qué significa *está nublado*?
11. Di el nombre de tres secciones de un periódico.
12. Si llevas tu móvil a arreglar en lugar de tirarlo, ¿qué haces?
13. Di el nombre de tres estancias de una casa.
14. Di el nombre de dos palabras relacionadas con la publicidad.

Grupo B

1. ¿Qué compras cuando "haces la compra"?
2. Di el nombre de dos verduras.
3. Felicita a tu compañero/a por su cumpleaños.
4. Para hablar de estados de ánimo, ¿se usa el verbo *ser* o *estar*?
5. Si necesito información sobre un país o ciudad, utilizo una...
6. ¿Qué se puede alquilar en un viaje?
7. Ir de una página de internet a otra es...
8. ¿Para qué sirve un teclado?
9. Define la palabra *siglo*.
10. ¿Qué significa *está lloviendo*?
11. ¿Qué es el titular de un periódico?
12. Da un ejemplo de cómo reutilizar algo.
13. Di tres tareas domésticas.
14. Di el nombre de dos palabras relacionadas con las compras *online*.

4 **Todo el grupo** ¿Qué recursos, de los que has visto en el curso, utilizas para aprender y recordar el léxico? Coméntalo con tus compañeros. ¿Cuál crees que es el más efectivo?

Gramática

1 Usos de pretérito perfecto, pretérito indefinido y pretérito imperfecto (repaso)

- Usamos el **pretérito perfecto** para:
  - Hablar de **acciones terminadas** en un **tiempo aún no terminado** o que percibimos como presente:
    *Esta semana **he ido** a la playa.* *Hoy **he tenido** un mal día.*
  - Hablar de una **experiencia** en general, sin una idea de tiempo:
    *¿**Has estado alguna vez** en Argentina?* ***Nunca he comido** paella.*
- Usamos el **pretérito indefinido** para:
  - Expresar **acciones terminadas** en un **tiempo pasado** que no tiene relación con el presente:
    ***El año pasado viajé** a México.*
  - Dar información sobre la **vida** de una persona:
    *Ana **nació** en Sevilla en 2005.*
  - Hablar de **hechos históricos** y acontecimientos del pasado:
    ***La guerra civil española terminó** en el año 1939.*
- Usamos el **pretérito imperfecto** para:
  - **Describir** en pasado:
    *La casa **era** muy **bonita** y **tenía un jardín** muy grande con piscina.*
  - Hablar de **acciones habituales** en el pasado:
    ***Iba** al gimnasio **todos los días** y después **quedaba** con mis amigos.*
  - Referirnos a una **acción** no terminada, **durativa**, en el momento en que otra sucede:
    ***Hablaba** con María cuando **sonó** el teléfono.*

1.1 Señala cuáles de los siguientes marcadores temporales acompañan al pretérito perfecto (P), al pretérito indefinido (I) o al pretérito imperfecto (IM). Puede haber más de una opción.

1. nunca .... P I IM
2. ya .... P I IM
3. todavía no .... P I IM
4. anteayer .... P I IM
5. alguna vez .... P I IM
6. ayer .... P I IM
7. el año pasado .... P I IM
8. normalmente .... P I IM
9. la semana pasada .... P I IM
10. hasta ahora .... P I IM
11. hoy .... P I IM
12. en 2015 .... P I IM
13. siempre .... P I IM
14. antes .... P I IM
15. el otro día .... P I IM

1.2 Fíjate en lo que dice Ana y señala cuál de los tiempos anteriores describe.

Se refiere a una acción terminada que sucede en un momento no especificado del pasado. Se usa cuando no es importante situar de manera exacta en el tiempo esa acción pasada.

2 Contraste pretérito perfecto/pretérito indefinido/pretérito imperfecto (repaso)

- Los **pretéritos perfecto e indefinido** expresan **acciones terminadas**. El perfecto lo hace en relación con el presente y el indefinido, con el pasado. Usamos estos tiempos para la **narración**.
- El **pretérito imperfecto** presenta la acción en un tiempo pasado, pero sin especificar su comienzo o su final. Por eso el imperfecto es el tiempo que usamos para la **descripción**, para hablar de las **circunstancias** que rodean los hechos. Puede usarse junto al perfecto o al indefinido:

  *Hoy **he comido** unas croquetas que **estaban** buenísimas.*

  *Ayer **comí** unas croquetas que **estaban** buenísimas.*

2.1 Ordena estos enunciados y clasifícalos según su función: narración (N) o descripción (D). Luego escribe la historia en tu cuaderno en el orden adecuado.

a. ☐ ☐ Luis y su hermana no sabían qué pasaba, estaban confusos y un poco asustados.
b. ☐ ☐ Unos segundos más tarde sonó el teléfono de Luis.
c. 1 D Luis estaba en la piscina del hotel con su hermana.
d. ☐ ☐ mientras su hermana se ponía la ropa para volver a su habitación.
e. ☐ ☐ De repente, todo el mundo salió corriendo del agua y se dirigió a la recepción.
f. ☐ ☐ Luis empezó a buscar su teléfono,
g. ☐ ☐ vio un wasap de su padre con texto e imagen.
h. ☐ ☐ Su hermana le preguntó
i. ☐ ☐ Lo encontró y
j. ☐ ☐ y Luis, aliviado, le mostró el mensaje y los dos fueron a ver a las estrellas.
k. ☐ ☐ En la foto aparecía una pareja de actores muy famosos y muchos periodistas,
l. ☐ ☐ y el texto decía que en la recepción estaban Penélope Cruz y Javier Bardem.

RAE GRAMÁTICA
Recuerda que en los países hispanohablantes de América y en algunas zonas de España se prefiere el pretérito indefinido en lugar del pretérito perfecto para hablar de acciones terminadas en un tiempo no terminado.

2.2 [42] Escucha la historia de Sergio y completa las frases. Luego clasifícalas en su caja correspondiente.

1. Sergio .... por la calle donde viven sus padres.
2. De repente .... un ruido muy fuerte.
3. La gente .... a correr, pero él .... paralizado.
4. Sergio .... tres opciones: .... allí parado, ... como el resto de las personas o .... su camino.
5. .... seguir andando.
6. .... muchas ganas de ver a sus padres.
7. Todo el mundo .... en dirección contraria.
8. Por eso .... y .... un golpe en la cabeza. Cinco horas más tarde .... en la cama de un hospital.
9. Desde entonces Sergio no .... a casa de sus padres.

Narración		Descripción	

2.3 Escribe en tu cuaderno una anécdota en pasado en la que necesariamente deben aparecer estas palabras: *perro, el otro día, móvil, español, lluvia* y *montaña.*

2.4 **Todo el grupo** Ahora lee tu anécdota a la clase. ¿Quién ha escrito la historia más original? ¿Y la más divertida? ¿Quién ha usado mejor los tiempos del pasado?

Practica en contexto

1 [43] Marta y sus compañeros preparan un anuario en el que publicarán las cosas más importantes que han pasado en la escuela durante el curso. Escucha y marca qué secciones de las siguientes aparecerán en el anuario.

1. ☐ Deportes	4. ☐ Política	7. ☐ Entrevistas
2. ☐ Economía	5. ☐ Viajes	8. ☐ Ciencias
3. ☐ Cultura	6. ☐ Tiempo	9. ☐ Sociedad

2 **En parejas** Para la sección de deportes del anuario, tienen dos artículos, pero los han copiado mal y falta información. Complétalos colocando estos fragmentos en su lugar adecuado. Sobra un fragmento, ¿cuál?

1. un contundente 6-3, 6-2. El partido duró una hora y veintitrés minutos.
2. que perdieron por penaltis tras terminar 0-0 el partido.
3. el árbitro suspendió el partido por la lluvia y
4. el tercer campeonato que se celebra entre
5. se jugó el pasado mes de abril. Perdieron 1-0, y en

A

Dos de nuestras compañeras ganaron el torneo de tenis de escuelas

Nuestras compañeras de 5.º curso ganaron el pasado sábado ☐ las escuelas de nuestra ciudad en esta disciplina deportiva.

Eva y Sara, nuestras campeonas, ganaron la final por ☐

B

Nuestro equipo masculino de fútbol quedó finalista en dos campeonatos

Nuestros chicos de 4.º curso han llegado a dos importantes finales durante este año. La primera ☐ junio quedaron de nuevo finalistas en otro campeonato de escuelas ☐ Ojalá el año que viene jueguen igual de bien.

2.1 **Todo el grupo** Este es el informe sobre el deporte en España que han publicado en el anuario junto a los dos artículos anteriores. Léelo y contesta a las preguntas. Puedes consultar internet si lo necesitas.

Centro de Investigaciones Sociológicas (CIS).
Deporte en España

El fútbol es el deporte que genera mayor interés en España, seguido por el tenis y el baloncesto. Sin embargo, el hecho de que a casi la mitad de los españoles les interese el fútbol, a un 21.4 % el tenis y a un 17.1 % el baloncesto no significa que estos sean los deportes que más se practican en nuestro país.

El ciclismo y la natación recreativos y la carrera a pie son las disciplinas más populares en España a la hora de realizar ejercicio físico.

1. ¿Cuáles son los deportes que más se practican en España? ¿Y en tu país?
2. ¿Cuáles son los deportes que más se practican en el mundo?
3. ¿Cuál es el deporte mundial por excelencia?

3 **En parejas** Lee lo que han contado algunos estudiantes para la sección de viajes y conjuga los verbos entre paréntesis en el tiempo adecuado del pasado.

Nuestro viaje [1] .... (ser) en abril, lo [2] .... (pasar, nosotros) muy bien. [3] .... (Visitar, nosotros) varias pirámides aztecas y [4] .... (comer, nosotros) burritos y enchiladas. También [5] .... (estar, nosotros) en la Casa Azul, donde [6] .... (vivir) la pintora Frida Kahlo. La verdad es que me [7] .... (gustar) un montón el viaje.

Yo [1] .... (viajar) esta semana con mi clase. Durante los cinco días que [2] .... (durar) el viaje, [3] .... (hacer, yo) muchas cosas: [4] .... (bailar) salsa, [5] .... (ir) a la playa y [6] .... (bañarse), [7] .... (disfrutar) mucho de la vida nocturna y [8] .... (practicar) mi español. [9] .... (Volver, nosotros) hoy mismo.

Mi clase [1] .... (hacer) el viaje en marzo. Como todos [2] .... (estar) cansados porque este curso [3] .... (ser) duro, [4] .... (decidir) ir a un pueblo de Andalucía. Todos los días [5] .... (hacer, nosotros) senderismo y también [6] .... (ir) al río y [7] .... (bañarse). Todo en un plan muy tranquilo porque [8] .... (necesitar, nosotros) descansar.

Mi curso este año [1] .... (hacer) un viaje de naturaleza. En abril [2] .... (estar, nosotros) una semana visitando los parques nacionales de Corcovado y de Manuel Antonio: [3] .... (ver, nosotros) aves, tortugas, monos... No [4] .... (haber) demasiados turistas y el tiempo [5] .... (ser) maravilloso.

3.1 **En parejas** Relaciona ahora a los estudiantes con un destino y con un tipo de turismo.

1. turismo rural	a. Leo	Foto A
2. ecoturismo	b. Anabel	Foto B
3. turismo cultural	c. Marta	Foto C
4. turismo de sol y playa	d. Néstor	Foto D

España

Costa Rica

México

República Dominicana

3.2 **En parejas** ¿Cuáles de estos objetos crees que llevó cada estudiante en su viaje? Argumenta tus respuestas.

mochila | cámara de fotos | pasaporte | portátil | gorra | bañador
impresora | billetes | bañera | nevera | camiseta | zapatillas | vestido
gafas de sol | bicicleta | vaqueros | crema solar | móvil | aspiradora

RAE

LÉXICO

Recuerda:

Español de España › vaquero(s) : *Solía vestirse con pantalones **vaqueros** y chaquetas muy elegantes.*
Español de América › *jean(s)*, bluyín (bluyines) : *Insistió en aparecer de camisa manga corta y **bluyines**, y Poncho tuvo que aceptarlo.*

Español de España › camiseta :
*En el primer cajón no hay nada interesante. Calcetines, calzoncillos, **camisetas** pulcramente dobladas y planchadas por Elena.*
Español de América › remera : *Rivera guardó su termo y el mate en un pequeño bolso, se puso la **remera** y se despidió.*

Español de España › maleta : *¡Hijo!, ¿dónde vas con esa **maleta**?*
Español de América › valija : *Las chicas se van con las **valijas** llenas de ilusiones.*

Español de España › billete : *Quiero un **billete** de primera para el primer vuelo.*
Español de América › boleto/pasaje : *Conseguiremos un **pasaje**. ¿Cuánto cuesta?*

Contar una anécdota

- Una anécdota es un **relato breve** sobre algún acontecimiento **curioso** o **divertido**.
- En la conversación es frecuente introducir la anécdota con expresiones como:
  - **¿Sabes lo que me pasó** ayer/el lunes/el otro día/cuando llegué a...?
  - **Te voy a contar una cosa** que me pasó ayer/el lunes/el otro día/cuando llegué a...
  - **Pues resulta que** ayer/el lunes/el otro día/cuando llegué a...
- El interlocutor contesta con:
  - **¿Qué te pasó?**
  - **Cuenta, cuenta.**
- Y reacciona a lo largo del relato con expresiones como:
  - **¡Qué bien/mal/(buena) suerte/mala suerte...!**
  - **¡No me digas!**
  - **¡Es increíble!**

Recuerda que en español es necesario ir reaccionando ante lo que narra el interlocutor. El silencio absoluto se interpreta como falta de interés.

3.3 Imagina que acabas de volver de uno de los destinos anteriores. Elige el que quieras y escribe un correo a tu amigo/a contando cómo ha sido el viaje y lo que has hecho.

De: Para: Asunto: Mi viaje

....

....

....

....

....

....

3.4 **Todo el grupo** ¿Cuál es el último viaje que has hecho? ¿Cuándo fue? ¿Dónde fuiste? ¿Te gustó? Cuenta alguna anécdota que te sucedió en él.

Pues el verano pasado fui a Tailandia y me encantó. Resulta que...

¿Ah, sí? ¡Qué suerte!

4 [44] Vas a escuchar las respuestas que ha dado la profesora en la entrevista que le han hecho para el anuario. Relaciónalas con las preguntas que tienes a continuación.

Respuesta n.º...

a. ¿Cuándo empezaste a trabajar como profesora? .... ☐
b. ¿Por qué decidiste hacerte profesora de español? .... ☐
c. ¿Cómo te formaste? ¿Qué estudiaste? .... ☐
d. ¿En cuántos lugares has enseñado? .... ☐
e. ¿Qué ha sido lo más interesante de este curso? .... ☐
f. ¿Qué has aprendido de tus alumnos? .... ☐
g. ¿Cómo eras tú como estudiante? .... ☐
h. ¿Cuál era tu profesor favorito y por qué? .... ☐

Marcadores temporales (repaso)

Recuerda que los marcadores temporales ***antes, después, mientras, siempre*** y ***cuando*** son un recurso fundamental de la narración porque relacionan dos acciones y permiten saber en qué momento ocurre cada acción:

*Juan ha llegado **antes**, luego he venido yo.*
*Ayer comí y **después** me fui a clase.*
***Mientras** cenábamos, vimos las noticias.*
***Siempre** se duchaba antes de acostarse.*
***Cuando** nací, mi madre tenía 27 años.*

4.1 **En parejas** Escribe dos preguntas que te gustaría hacer a tu profesor/a de español acerca de su trabajo.

4.2 **Todo el grupo** Prepara una entrevista con tus preguntas y las de tus compañeros y házsela a tu profesor/a. ¿Te ha sorprendido alguna de sus respuestas?

5 **En parejas** En el anuario también se han incluido estos consejos para ayudar a conservar el medioambiente. Conjuga los verbos en imperativo afirmativo o negativo y luego ordénalos según la importancia que tienen para ti. Trabaja con tu compañero/a.

Ayuda a conservar el medioambiente

☐ [1] .... (Aprovechar) al máximo la luz natural, así ahorras energía.

☐ [2] .... (Elegir) bolsas de papel, las de plástico son muy contaminantes.

☐ [3] .... (Dejar) conectados los aparatos eléctricos al salir de casa.

☐ [4] .... (Tirar) a la basura algo que puedes reciclar.

☐ [5] .... (Usar) el papel por las dos caras, y luego [6] .... (reciclarlo).

☐ [7] .... (Moverse) en bicicleta o transporte público en vez de coger el coche.

☐ [8] .... (Comprar) productos de limpieza. Puedes limpiar toda la casa con vinagre, limón y jabón.

☐ [9] .... (Poner) la calefacción por encima de 21 grados.

☐ [10] .... (Comer) alimentos de temporada y de la zona donde vives, así su producción y transporte serán mucho más ecológicos.

☐ [11] .... (Tirar) los medicamentos caducados a la basura, [12] .... (llevarlos) a la farmacia para que los reciclen como es debido.

5.1 **Todo el grupo** Comparte con el resto de la clase el resultado. ¿Cuáles son los tres consejos más valorados por todo el grupo? ¿Por qué?

REFERENTE cultural

1 **En parejas** Resuelve con tu compañero/a este cuestionario.

1 La bachata es un ritmo bailable propio de...

a. República Dominicana.
b. Cuba.
c. Perú.

2 ¿Cuántas comunidades autónomas tiene España?

a. Doce.
b. Quince.
c. Diecisiete.

3 ¿Qué cantante de salsa terminaba sus frases diciendo "¡azúcar!"?

a. Gloria Estefan.
b. Celia Cruz.
c. Chavela Vargas.

4 ¿Cómo se llaman las gigantescas estatuas de la isla de Pascua?

a. Rapanuís.
b. Moáis.
c. Ahu.

5 Naranjito fue...

a. la mascota del Mundial de Fútbol de 1982.
b. el personaje de un anuncio de los años 80.
c. el juguete más vendido en 1982 en España.

6 ¿Cuántas lenguas oficiales se hablan en España?

a. Tres.
b. Cuatro.
c. Cinco.

¡Adeus!

¡Agur!

¡Adiós!

¡Adéu!

¡Aaaazúcar!

7 ¿Cuál de las siguientes tradiciones es típica de República Dominicana para felicitar el cumpleaños?

a. Echar agua por encima de la persona que cumple años.
b. Tirarle de las orejas al cumpleañero tantas veces como años cumple.
c. Despertar al cumpleañero con la canción popular *Las mañanitas*.

8 ¿En qué país de Hispanoamérica no se celebra la fiesta de los quince años?

a. Argentina.
b. Uruguay.
c. Chile.

9 Algunas de las playas más conocidas de México están en...

a. Cancún.
b. Puebla.
c. México D.F.

10 En San Sebastián (España) se celebra...

a. un festival de cine europeo.
b. un festival de teatro español.
c. un festival de cine internacional.

1.1 **Todo el grupo** Compara tus respuestas con otras parejas de la clase. ¿Quién ha acertado más en menos tiempo?

2 **Todo el grupo** De todo lo que has aprendido en la sección de cultura de este nivel, ¿qué te ha parecido más interesante? ¿Había algún dato que ya conocías o ha sido todo nuevo para ti?

HOSTAL Babel

Recuerdos con paté de algas

Antes del vídeo

1 Este capítulo se titula *Recuerdos con paté de algas*; ¿de qué crees que trata?

2 Ahora que conoces bien a los personajes, ¿quién crees que ofrece a los demás el paté de algas?

3 **En parejas** Ordena el diálogo que tienes a continuación. Compara tu respuesta con tu compañero/a.

- [1] a. Hugo: La cena se ve superrica… Es una gran idea para celebrar el final del curso.
- [ ] b. Hugo: Sí, durante un tiempo íbamos todas las tardes a jugar al parchís, ¿recuerdan?
- [ ] c. Carla: Como siempre, Bea quiere celebrar el final de otro curso preparándonos una supercena. ¡Ya es tradición en el hostal Babel!
- [ ] d. Carla: Sí, eso sí que es cierto.
- [ ] e. Leo: Es verdad, yo no gané ni una partida…
- [ ] f. Tere: Reconoce que te gustaba vernos ahí, cerquita de ti… ¡Confiésalo! ¡Te gustaba vernos!
- [ ] g. Tere: Sí, pero yo siempre os ganaba.
- [ ] h. Carla: Claro, ustedes pasaban una tarde relinda, pero yo estaba trabajando.
- [ ] i. Tere: La verdad es que ha sido un curso estupendo…

4 Fíjate en estas imágenes. ¿Por qué crees que los personajes tienen regalos? ¿Quién los hace y qué están celebrando?

Durante el vídeo

5 Visiona el fragmento 00:30 ▶ 01:34 y comprueba tus repuestas de las actividades 1 y 2.

6 Ahora visiona el fragmento 01:20 ▶ 02:08 y comprueba si has ordenado correctamente el diálogo de la actividad 3.

7 **En parejas** Visiona el fragmento 02:08 ▶ 04:46 y luego elige la opción adecuada.

1. Carla recuerda que llovía mucho…
   a. la tarde en que fue de compras con Tere.
   b. cuando Tere y Bea fueron a verla mientras estaban de compras.
   c. una tarde que Bea olvidó la compra en una tienda.
2. Hugo se acuerda…
   a. de la fiesta sorpresa que hicieron para Bea.
   b. de una fiesta muy divertida que hicieron unos meses antes.
   c. de lo que tuvieron que limpiar después de la fiesta.

3. **Leo dice que...**
   a. Hugo siempre se pone muy pesado con la alimentación.
   b. no le importa que lo llamen "rarito".
   c. en todos los grupos tiene que haber un rarito.

4. **Tere piensa que...**
   a. Carla trabaja demasiado.
   b. Carla se ha divertido muy poco durante el curso.
   c. Carla debe tener más tardes libres.

5. **Carla dice que...**
   a. el próximo año buscará un trabajo que le ocupe menos tiempo.
   b. ha aprovechado bien el poco tiempo libre.
   c. sus amigos no tienen razón, que no trabaja demasiado.

6. **Durante el fragmento...**
   a. Carla le dice a Hugo que es un poco raro.
   b. Tere está preocupada porque Bea no llega.
   c. Leo le dice a Hugo que lo acepta como es.

8 **En parejas** **Visiona el último fragmento del vídeo, 04:43 ▶ final, y a continuación ordena cronológicamente estas imágenes. Después narra, usando el pasado, toda la secuencia.**

Después del vídeo

9 **Todo el grupo** **¿Has convivido alguna vez con otros estudiantes? ¿Había, entre ellos, estudiantes de países diferentes al tuyo? ¿Cómo fue la experiencia?**

10 **Todo el grupo** **Piensa en algún momento que recuerdes especialmente de tu vida como estudiante y compártelo con tus compañeros.**

11 **Todo el grupo** **¿Cuál de los personajes del hostal Babel te resulta más simpático? ¿Con cuál crees que te llevarías mejor? ¿Por qué?**

Evaluación

1 [45] Fíjate en la imagen, escucha la descripción que hace Laura de su casa y escribe las tres diferencias que hay entre lo que dice y el plano.

1

2

3

2 Usa el vocabulario de la actividad anterior y escribe una redacción de unas cien palabras describiendo cómo era la casa en la que vivías cuando eras pequeño/a.

3 En el correo que ha escrito Peter a una amiga hay varios errores en el uso de los pasados. Localízalos y corrígelos por el pasado correcto.

De: Peter Para: Carmen Asunto: Mi viaje

Hola, Carmen:

¿Cómo estás? Yo he llegado bien ayer a casa. El viaje fue divertido. En el tren conocía a unos chicos de mi país y hablamos de nuestras experiencias aquí, estuvo bien. Ellos tenían una visión de España muy diferente de la mía, quizá porque solo han estado de vacaciones, mientras que yo vine para estudiar y vivo con españoles. Además, no hablaron español y creo que, si no hablas el idioma del país donde viajas, tu conocimiento del lugar es mucho más limitado. Yo también, cuando llegué aquí, pensé de una forma distinta a como pienso ahora. En estos meses mi español ha mejorado mucho y eso me permitió hablar con la gente y entender mejor las costumbres y la cultura del país. Bueno, espero que vengas pronto a verme.

Un abrazo,

Peter

Incorrectos	Correctos

4 Escribe un correo a tu amigo/a donde le expliques qué pensabas tú del español y del mundo hispánico antes de empezar a estudiar el idioma y qué piensas ahora.

5 Fíjate en las siguientes frases y relaciónalas con uno de los dos títulos. Luego conjuga los verbos en pasado para completar las historias.

Hacer muchas excursiones. | Alquilar un coche. | Alojarse en un hotel. | Conocer a los compañeros. | Llegar media hora antes. | Acabar muy cansado. | Tener miedo de llegar tarde. | Pasarlo bien. | Ir a esquiar. | Ser bonita la oficina. | Ser un lunes. | Hacer muchas fotos. | Parecer simpáticos. | Estar casi vacío el hotel. | Estar nervioso. | Haber poca nieve.

En nuestras últimas vacaciones	Mi primer día de trabajo

6 Completa el texto con los verbos del recuadro. Debes conjugarlos en imperativo y usar pronombres de complemento si son necesarios.

navegar | subir | chatear | descargar | guardar | imprimir | publicar | compartir

Te vamos a dar algunos consejos básicos que debe seguir todo usuario de un ordenador o internauta:

- [1] .... a menudo los documentos en los que estás trabajando y [2] ...., si son importantes, a la nube.
- En internet, [3] .... siempre por sitios seguros, no [4] .... archivos de webs que no conoces y tampoco [5] .... con desconocidos.
- [6] .... fotos y vídeos tuyos en las redes sociales si quieres, pero [7] .... solo con tus amigos.
- [8] .... siempre en papel reciclado.

7 Escribe dos consejos más para un internauta.

....

....

8 Transforma las frases usando el presente de subjuntivo y expresando permiso, prohibición, peticiones, consejos o deseos.

1. Diviértete mucho. ....
2. No llegues tarde. ....
3. Hablad con ellos, lo entenderán. ....
4. Espéreme solo un minuto. ....
5. Piénsalo con calma. ....
6. Hacedlo ya. ....
7. No vayas con ellos. ....
8. No os pongáis ahí. ....
9. Díganme la verdad. ....

Apéndices

Pronunciación y ortografía 184
Tabla de verbos 194
Glosario 201

Pronunciación y ortografía

Ficha 1 El punto y la coma

1 **Lee atentamente el siguiente texto. ¿Te resulta fácil de entender? ¿Por qué?**

La Villa de Bilbao cuenta con unos siete metros cuadrados de espacios verdes por habitante en ellos, destaca la calidad de los espacios deportivos y su buena conservación los jardines de Bilbao aparecen reflejados como los mejor equipados de todas las ciudades nacionales analizadas en el estudio

Con casi 100 años de historia, el principal parque de la Villa, el Parque de Doña Casilda, es una obra de estilo romántico que cuenta con 85 200 metros cuadrados de extensión tiene un precioso estanque con patos, un tiovivo de estilo clásico, dos canchas de baloncesto, una fuente, un escenario para actuaciones (La Pérgola) y la cafetería del Museo de Bellas Artes entre las esculturas que rodean el parque destaca una del escultor vasco Eduardo Chillida

1.1 **Lee la información y completa el texto anterior con los puntos que faltan.**

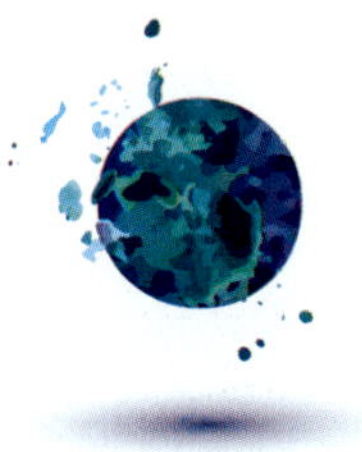

El uso del punto

Se escribe punto para marcar el final de un enunciado. Hay tres tipos de punto:

- El **punto y seguido**, que separa oraciones dentro del mismo párrafo.
- El **punto y aparte**, que separa párrafos en un mismo texto.
- El **punto final**, que señala el cierre de un texto.

> Fíjate: Después de punto se escribe siempre con mayúscula.

2 **Escribe una lista de lo que llevas en la mochila. ¿Qué signo de puntuación utilizas?**

El uso de la coma

- La coma sirve para **separar** determinados elementos en el interior de un enunciado. Se usa la coma:
  - Para **las enumeraciones**, entre los elementos que no están separados por *y*, *ni*, *o*: *Un cuaderno, una mesa, una silla y una pizarra.*
  - Detrás de **marcadores** como *por último, es decir, por tanto, sin embargo, además...*
  - Para introducir una **aclaración**: *Pepe, **el chico que está allí**, es muy simpático.*
  - Después del **vocativo**: ***Niños**, venid a comer, por favor.*
  - Cuando se **invierte** el **orden lógico** de una oración: ***Con tantas prisas**, no vas a hacer bien los deberes.*
- Con ciertas palabras *(**también, a veces, ya que...**)*, existe la posibilidad de usar coma o no:
  ***A veces**, dice cosas interesantes.* ***A veces** dice cosas interesantes.*

3 **En parejas** **A continuación tenéis unas frases en las que, según la colocación de la coma, varía el significado. Puntuadlas de dos formas diferentes y explicad qué significan.**

Ejemplo: *No es verdad.* › Significa que es falso. *No, es verdad.* › Significa que es verdadero.

1. Vamos a comer niños. Significa ....
2. Vamos a comer niños. Significa ....
3. ¡No tenga piedad! Significa ....
4. ¡No tenga piedad! Significa ....
5. No sé bailar bien lo sabes. Significa ....
6. No sé bailar bien lo sabes. Significa ....

Ficha 2 Contraste de los sonidos /n/ y /ñ/. Los sonidos /ch/ y /y/. Los dígrafos *ch* y *ll*. Las letras *y/ll*

1 [46] **Escucha y repite las siguientes palabras, que contienen los sonidos /n/ y /ñ/.**

- número
- nunca
- enero
- buñuelo
- eñe
- nadie
- nieva
- cañón
- niño
- cariñoso
- noche
- pierna
- uña
- España

> Fíjate:
> La ***ñ*** es una letra que existe en pocas lenguas, como el español. ¿Existe un sonido parecido en tu lengua? ¿Con qué letra o letras se representa?

2 [47] **La *ch* es un dígrafo formado por las letras *c* + *h*. Escucha y repite las siguientes palabras, que contienen el sonido /ch/.**

- achaque
- sándwich
- chorizo
- abrocho
- churro
- chaqueta
- cheque

3 [48] **Escucha y repite las siguientes palabras, que contienen el sonido /y/.**

- ayuno
- lluvia
- yerma
- llave
- allí
- huyo
- sello

El sonido /y/ y las letras *y/ll*

- El sonido /y/ se escribe con ***y*** (ye/i griega) o ***ll*** (elle). La ***ll*** es un dígrafo formado por ***l*** + ***l***.
- La ***y*** es una letra que corresponde a dos sonidos, **consonante** /y/ o **vocal** /i/: *raya, rey.*

> Fíjate:
> **/ll/** es un sonido ligeramente distinto de **/y/**, pero solo en algunas zonas de España e Hispanoamérica se hace la diferencia. Es un fenómeno minoritario.

4 **A continuación aparecen varias palabras que llevan *y* o *ll*. Lee el cuadro que explica las reglas de uso de estas grafías y coloca las palabras en su lugar correspondiente.**

- concluyo
- adyacente
- mesilla
- proyección
- brillo
- cayeran
- estoy
- apabullar
- reyes
- soy

Las letras *y/ll*

- Se escriben con ***y***:
  - Las palabras que terminan con el sonido **/i/ precedido de una vocal** con la que forma **diptongo**, o de dos vocales con las que forma **triptongo**: *ay, rey, Uruguay, buey, ley,* [1] ...., *convoy,* [2] ...., *muy.*
  - Las palabras en las que el sonido /y/ sigue a los prefijos ***ad-***, ***dis-*** y ***sub-***: [3] ...., *disyuntivo, subyacer.*
  - Algunas formas de los verbos ***caer, creer, ir, leer, poseer*** y ***proveer***, y de los verbos acabados en ***-oír*** y ***-uir***: [4] ...., *leyendo, oyó,* [5] ....
  - Las palabras que contienen la sílaba ***-yec-***: *abyecto,* [6] ...., *inyectar.*
  - Los plurales de los nombres que terminan en ***-y*** en singular: *rey/*[7] ....
- Se escriben con ***ll***:
  - Las palabras terminadas en ***-illa*** e ***-illo***: [8] ...., [9] ....
  - La mayor parte de los verbos terminados en ***-illar, -ullar*** y ***-ullir***: [10] ...., *bullir.*

5 **Ahora completa estas palabras con *y* o *ll*, según las normas ortográficas que has estudiado.**

1. mu ...... ido	5. sub ...... acer	9. o ...... ó	13. le ...... es	17. cepi ...... o
2. convo	6. dis ...... untiva	10. tra ...... ectoria	14. aú ...... a	18. ad ...... acente
3. Paragua	7. le ...... ó	11. pro ...... ecto	15. bue ...... es	19. pasi ...... o
4. mesi ...... a	8. chi ...... ó	12. in ...... ección	16. ...... endo	20. ca ...... eron

Ficha 3 Contraste de los sonidos /p/ y /b/. Las letras *b/v*

1 [49] **Escucha y repite las siguientes palabras con el sonido /p/.**

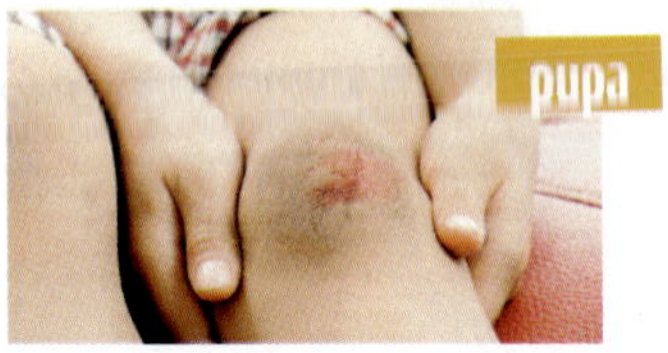

- pala
- pepino
- polo
- pupa
- apuntar
- pleno
- prisa
- plomo
- preso
- pluno
- puerta
- copito

2 [50] **Escucha y repite las siguientes palabras con el sonido /b/.**

- vela
- tuvo
- visado
- bruma
- absurdo
- bola
- haba
- broma
- tubo
- había
- blusa
- bala
- bueno
- abuela

Las letras *b/v*

- En español, las letras *b* y *v* representan el mismo sonido, es decir, se pronuncian igual. Es necesario conocer las palabras para saber si se escriben con *b* o con *v*, pues no se pueden distinguir mediante la pronunciación.
- En algunos casos escribir una u otra letra puede cambiar el significado de la palabra; por ejemplo, en el caso de *baca/vaca.*

3 [51] **David es un chico del Reino Unido que está estudiando español en Valencia. Ha publicado en Facebook comentarios de un viaje que ha hecho por España. Escucha y completa las palabras que faltan en el texto.**

facebook

David Smith ha compartido una publicación.
1 hora ·

¡Me encanta este país! He hecho un viaje por toda España y estoy muy feliz. Os voy a contar mis aventuras aquí. He conocido a gente muy interesante y he visitado lugares increíbles: las ciudades de [1] ...., [2] .... y [3] .... en el interior y, en la costa cantábrica, [4] .... y San [5] .... He hecho senderismo por los [6] .... y de ahí he llegado a [7] .... Me ha gustado muchísimo ver la obra de Gaudí. También he ido en barco por las islas [8] .... hasta llegar a [9] ...., una isla muy bella. He viajado por Andalucía y he visto [10] .... y sus maravillosos patios árabes, y [11] ...., en [12] ...., donde comí el famoso pescaíto frito. De vuelta a casa, visité las playas de [13] .... y [14] ...., ¡y me comí una estupenda paella! Venid a España, ¡es maravillosa!

Me gusta · Comentar · Compartir

Ficha 4 Contraste de los sonidos /t/ y /d/

1 [52] Vas a escuchar dos series de palabras. La primera contiene palabras con /t/ y la segunda, palabras con /d/. Repite después de cada palabra.

Palabras con /t/		Palabras con /d/	
• taba	• roto	• daba	• coged
• tía	• aceituna	• sed	• dado
• toro	• dátil	• además	• duro
• puerta	• aceptar	• dolor	• abedul
• tuna	• atinar	• adivino	• Madrid
• tema	• aceite	• deuda	• diablo
• antena	• abierta	• abordo	• conducir

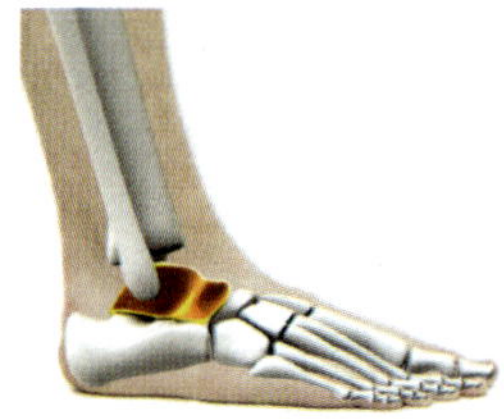

astrágalo o taba

tuna

dado

abedul

2 [53] Escucha y escribe estas palabras según su orden de aparición en el audio.

dedal | gordo | taco | dato | tú | Madrid | duna | corto | acorde

1.	6.	11. puerta	16. adivinar
2. día	7. toro	12. ayuda	17.
3. timo	8. don	13. meter	18.
4.	9.	14.	19. actúa
5. tema	10.	15. tino	20.

3 [54] Marca la palabra del par que escuches.

☐ dé / ☐ té	☐ domo / ☐ tomo	☐ rada / ☐ rata	☐ codo / ☐ coto
☐ dos / ☐ tos	☐ domar / ☐ tomar	☐ saldo / ☐ salto	☐ tienda / ☐ tienta
☐ duna / ☐ tuna	☐ día / ☐ tía	☐ soldado / ☐ soltado	☐ seda / ☐ seta

4 **En grupos pequeños** Formad grupos de tres y leed estos dos trabalenguas. Ahora, intentad repetirlos. Gana el que consiga repetirlos correctamente en el menor tiempo posible.

Ficha 5 Contraste de los sonidos /z/ y /s/. El ceceo y el seseo. Las letras *c/z*

musgo

1 [55] Escucha y repite estas dos series de palabras, la primera con el sonido /z/ y la segunda con el sonido /s/.

azteca

Palabras con /z/	
• zurdo	• zinc
• zapato	• doce
• celeste	• zen
• azteca	• cine
• zoo	• pez
• rizado	• azul
• rozo	• ácido
• cera	

Palabras con /s/	
• sala	• sed
• vestido	• pulsar
• rosas	• sí
• aseo	• suelo
• beso	• pescado
• tres	• soy
• sol	• musgo
• mismo	

2 [56] Marca la palabra del par que escuches.

☐ seta / ☐ zeta	☐ poso / ☐ pozo	☐ sebo / ☐ cebo	☐ risa / ☐ riza
☐ masa / ☐ maza	☐ sumo / ☐ zumo	☐ cosido / ☐ cocido	☐ os / ☐ hoz
☐ Asia / ☐ hacia	☐ sueco / ☐ zueco		

3 [57] Vas a escuchar un mensaje de Susana, una chica de Cádiz, que llama a César, su amigo de Canarias, y la contestación de este. ¿Hay alguna diferencia entre la pronunciación de Susana y la de César?

Ceceo y seseo

- El **ceceo** consiste en pronunciar la ***s*** con sonido similar al de la *z*. Cecean en algunas zonas de Andalucía, especialmente en Cádiz, Sevilla y Huelva.
- El **seseo** consiste en pronunciar la ***z*** o la ***c*** (ante ***e***, ***i***) como ***s***. Sesean en algunas zonas de Andalucía, en Canarias y en Hispanoamérica.

4 Aquí tienes una adivinanza que contiene el sonido /z/. Léela detenidamente y completa las reglas ortográficas que tienes a continuación utilizando como ejemplos las palabras de la adivinanza.

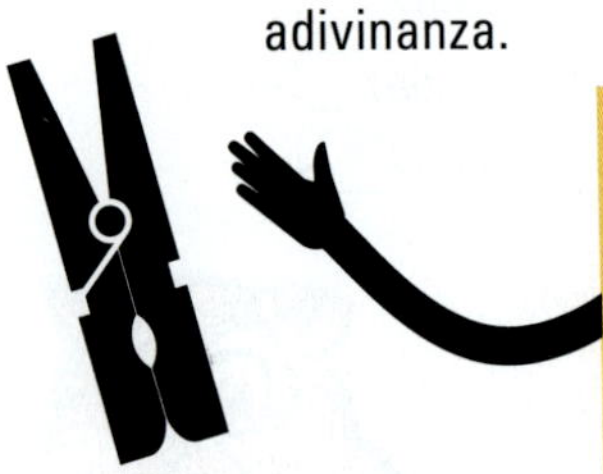

Soy muy dulce, tanto o más que el azúcar. Me gusta poner zancadillas a los que cazan ciervos. Estoy en brazos, pinzas o pezuñas. ¿Qué soy?

Las letras *c/z*

- Normalmente, se escribe ***c*** (con sonido /z/) ante las vocales ***e/i***: ....
- Se escribe *z* ante las vocales ***a/o/u***: ....
- En las palabras con *-cc- (acción, dirección)*, la primera *c* se pronuncia /k/ y la segunda se pronuncia /z/: *acción* /akzión/, *dirección* /direkzión/.

Ficha 6 Contraste de los sonidos /k/ y /g/. Las letras *c/q/k*

1 [58] Escucha y repite estas dos series de palabras, la primera con el sonido /k/ y la segunda con el sonido /g/.

cuco

Palabras con /k/		Palabras con /g/	
• cuco	• koala	• gato	• globo
• caro	• oca	• guerra	• tango
• queso	• cloro	• regla	• guisante
• frac	• crema	• desagüe	• airbag

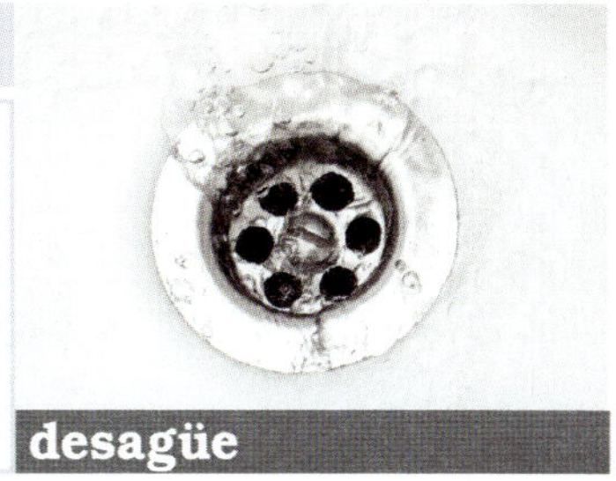

desagüe

2 [59] Marca la palabra del par que escuches en primer lugar.

☐ gallo / ☐ callo ☐ gama / ☐ cama ☐ goma / ☐ coma ☐ guiso / ☐ quiso

☐ guita / ☐ quita ☐ gasa / ☐ casa ☐ gana / ☐ cana ☐ bloc / ☐ blog

3 Lee la información y completa el esquema con las palabras del cuadro.

Las letras *c/q/k*

- Se escribe ***c*** (con sonido /k/) ante las vocales ***a***, ***o*** y ***u***: *cama, cosa, cuento...*
- Se escribe ***qu*** ante ***e***, ***i***: *quemar, quince...*
- Se escribe ***k*** ante ***a***, ***e***, ***i***, ***o*** y ***u***. Normalmente estas palabras proceden de otras lenguas: *kamikaze, Kenia, kiwi, Kosovo, sudoku...*

kétchup | coche | kung-fu | casa | queso | kárate | kilo | cuna | koala | quiero

c +
- a ....
- o ....
- u ....

k +
- a ....
- e ....
- i ....
- o ....
- u ....

qu +
- e ....
- i ....

4 [60] Escucha y completa el texto.

[1] .... [2] .... comer una hamburguesa en un restaurante [3] .... hay en la [4] .... de su casa. [5] .... llegó, pidió una hamburguesa de [6] .... de cerdo con [7] .... y [8] .... Su madre le dijo que no debía [9] .... tanta grasa [10] .... no era muy saludable y, además, podía tener [11] ....

Ficha 7 Los sonidos /j/ y /f/

1 [61] **Escucha y repite las siguientes palabras, que contienen el sonido /j/.**

• julio	• rojo	• viaje	• jamón	• jeque
• gente	• gitano	• reloj	• elegir	• jinete
• mojado	• ajuar	• lejos	• jota	• jueves

> Fíjate:
> El sonido /j/ se representa gráficamente con las letras ***g*** y ***j***: ja, ge/je, gi/ji, jo, ju.
> Ejemplos: *caja, gente, jefe, agitar, cojín, joya, Julián.*

2 **Coloca las palabras junto a su par correspondiente. Si no conoces algún significado, fíjate en las fotos, pregúntale a tu profesor o busca la palabra en el diccionario.**

dijo | paja | jota
justo | ajo | liga
soga | paje | vago | higo

soja

1. paga/ ....
2. digo/..
3. lija/..
4. gusto/ ....
5. hijo/..
6. bajo/..
7. hago/ ....
8. soja/..
9. pague/ ....
10. gota/ ....

ajo

higo

3 [62] **Escucha y repite las siguientes palabras, que contienen el sonido /f/.**

• fecha	• golfo	• refutar	• filón	• afilar	• furor	• afear
• fruta	• frito	• fama	• foto	• rifa	• flecha	• flema

4 [63] **Escucha y une con líneas las palabras que oigas.**

pavor	foca	vino	flote	brote
falda	presa	fino	forro	friso
favor	boca	flan	borro	piso
baza	fresa	plan	fruta	bruta

fresa

flan

brote

Ficha 8 La sílaba. Reglas generales de acentuación

1 **Lee la información y escribe dos ejemplos donde una sílaba cambia el significado de la palabra.**

La sílaba

- Como ya sabes, las palabras están formadas por **sílabas**: *ven-ta-na, me-lo-co-tón*; y estas por, al menos, una vocal: *a-le-mán*. No existen sílabas formadas solo por consonantes.
- Si en la palabra *casa* cambiamos la sílaba *-sa* por *-ma*, tenemos la palabra *cama*, que es una palabra con un significado diferente.

calor/**do**lor ..../......................... ..../.........................

2 **Lee y completa el cuadro con estas palabras. Luego divídelas en sílabas y marca la sílaba tónica.**

feliz | hipódromo | conejo | cómpratelo | marítimo | árbol | cómetela | cartón

Tipos de palabras según la sílaba tónica

La **sílaba tónica** de una palabra es aquella que se pronuncia con mayor fuerza o énfasis que el resto. Teniendo en cuenta la sílaba tónica, en español podemos clasificar las palabras en:

- **Agudas** › la sílaba tónica es la **última** (▬ ▬ ▬́):
  *ja-**món**, per-**diz***, [1] ...., [2] ....
- **Llanas** › la sílaba tónica es la **penúltima** (▬ ▬́ ▬):
  ***ca**-sa, cam-**pe**-ro*, [3] ...., [4] ....
- **Esdrújulas** › la sílaba tónica es la **antepenúltima** (▬́ ▬ ▬):
  *fan-**tás**-ti-co, **lá**-gri-ma*, [5] ...., [6] ....
- **Sobresdrújulas** › la sílaba tónica es la **anterior a la antepenúltima** (▬́ ▬ ▬ ▬):
  ***cán**-ta-se-lo, di-**bú**-ja-me-lo*, [7] ...., [8] ....

3 [64] **Lee la información, escucha con atención y pon la tilde en la vocal adecuada de las palabras que aparecen debajo. Hay dos palabras que no llevan tilde, ¿cuáles son? Justifica por qué no la llevan.**

Reglas generales de acentuación

El acento ortográfico en español se llama *tilde*.

- Las palabras agudas se acentúan si acaban en *-n*, *-s* o **vocal**: *cajón, compás, mamá...*
- Las palabras llanas se acentúan si terminan en consonantes diferentes a *-n* o *-s*: *césped, fácil, carácter...*
- Las palabras esdrújulas y sobresdrújulas se acentúan **siempre**: *brújula, lámpara, médico, quítatelo...*
- Los adverbios que terminan en *-mente* conservan la tilde del adjetivo del que derivan: *rápidamente* (de *rápido*).

- digaselo
- simpatico
- rubi
- vehiculo
- catedral
- quitaselo
- gramatica
- azucar
- Cantabrico
- volcan
- acercamelo
- Lopez
- sarten
- caravana
- facilmente

Ficha 9 Los diptongos y los triptongos

1 [65] **Fíjate en los dibujos, especialmente en el espacio azul que está encima de la lengua. Luego, escucha y repite.**

1. a, e, i, o, u
2. i, o, e, u, a
3. o, a, i, u, e

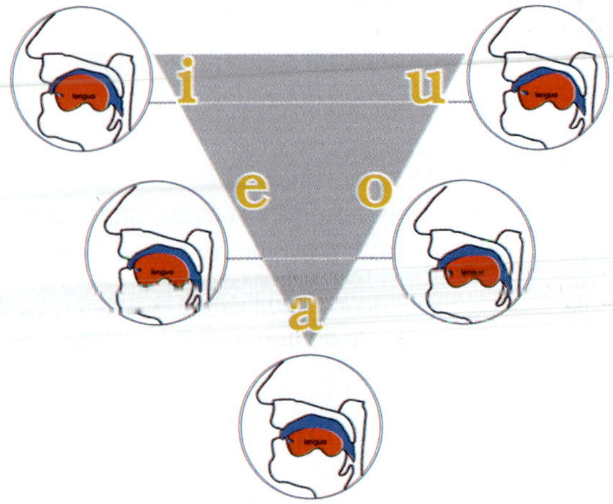

> Fíjate:
> En la vocal **/a/** el espacio entre la lengua y el paladar es mayor. En las vocales **/e/** y **/o/** este espacio es menor. Por último, en las vocales **/i/** y **/u/** se cierra mucho más.

2 Con lo que has aprendido, completa el cuadro.

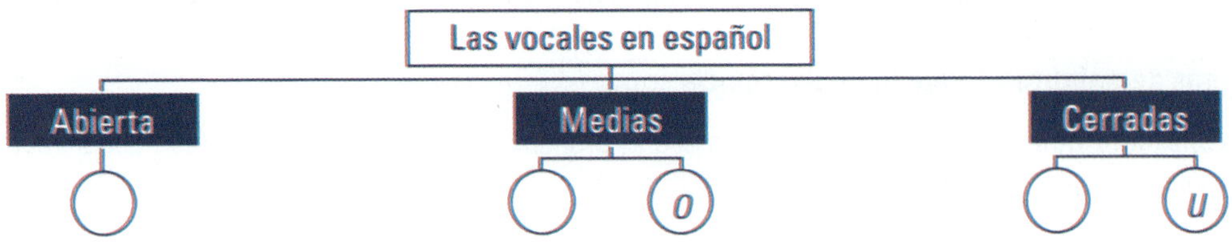

3 Lee la información, escucha la pronunciación de los diptongos y triptongos y repite.

Diptongos y triptongos

- Un **diptongo** es un grupo de dos vocales contiguas que se pronuncian en una sola sílaba. Hay tres tipos de diptongos: [66]
  - Vocal cerrada + vocal abierta o media: **ia, ie, io, ua, ue, uo.**
  - Vocal abierta o media + vocal cerrada: **ai, au, ei, eu, oi, ou.**
  - Dos vocales cerradas: **iu, ui.**
- La combinación ***ou*** es muy rara en español y apenas existen palabras que la contienen.
- Un **triptongo** es un grupo de tres vocales contiguas que se pronuncian en una sola sílaba. El esquema siempre es: [67]
  - vocal cerrada + vocal abierta o media + vocal cerrada: **uai, uau, iai, iau, uei, iei, ioi.**
- Los diptongos ***ai, ei, oi*** y los triptongos ***uai, uei*** se escriben ***ay, ey, oy, uay, uey*** a final de palabra: *hay, rey, voy, Uruguay, buey.*

4 [68] **Todas estas palabras contienen diptongos y triptongos. Subráyalos y luego escucha y repite las palabras.**

• bien	• guau	• guay	• antiguo	• cuaderno
• miau	• duermo	• reina	• vieira	• idioma
• radio	• oigo	• viuda	• boina	• individuo
• autobús	• cuida	• iniciáis	• juicio	• muela
• buey	• lengua	• Eugenia	• comerciáis	• causa
• estudiante	• aire	• monstruo	• aliada	• colegio

Ficha 10 El hiato

1 [69] **Lee la información del cuadro. Después escucha con atención y repite las palabras que están debajo.**

El hiato

- Un **hiato** es un grupo de dos vocales contiguas que se pronuncian en sílabas diferentes:
  - **aa, ee, ii, oo** (dos vocales iguales).
  - **ae, ao, ea, eo, oa, oe** (dos vocales abiertas o medias distintas).
  - **a, e, o + í, ú** (vocal abierta o media + vocal cerrada tónica).
  - **í, ú + a, e, o** (vocal cerrada tónica + vocal abierta o media).
- Las combinaciones ***uu*** y ***o + ú*** son muy raras en español y apenas existen palabras que las contienen.

- Saavedra, lee, antiincendios, cooperante
- aéreo, mahonesa, chatear, geografía, boa, cohete
- país, Raúl, vehículo, Seúl, oído, día, ríe, pío, púa, acentúen, dúo

2 [70] **Une con líneas las palabras que oigas de esta serie.**

país	Raúl	zoo	leer	peatón
oído	toalla	freír	río	albahaca
poseer	alcohol	búho	bacalao	héroe
caí	filosofía	ahogo	tía	María

búho

bacalao

albahaca

3 [71] **Escucha y clasifica las palabras en la columna correspondiente. Si lo necesitas, revisa la ficha 9.**

Recuerda:
- La ***h*** intercalada (entre dos vocales) no impide la formación de un hiato o un diptongo.
- En los **hiatos** formados por vocal abierta o media y vocal cerrada, si la vocal tónica es la cerrada (***i*** o ***u***), esta siempre lleva tilde.

Diptongo	Triptongo	Hiato

Tabla de verbos

Pretérito perfecto de indicativo

Verbos regulares

1.ª conjugación -AR CANTAR	2.ª conjugación -ER COMER	3.ª conjugación -IR VIVIR
he cantado	**he** comido	**he** vivido
has cantado	**has** comido	**has** vivido
ha cantado	**ha** comido	**ha** vivido
hemos cantado	**hemos** comido	**hemos** vivido
habéis cantado	**habéis** comido	**habéis** vivido
han cantado	**han** comido	**han** vivido

Participios irregulares

abrir › **abierto**	escribir › **escrito**	poner › **puesto**	romper › **roto**
cubrir › **cubierto**	hacer › **hecho**	prever › **previsto**	satisfacer › **satisfecho**
decir › **dicho**	imprimir › **impreso, imprimido**	resolver › **resuelto**	ver › **visto**
descubrir › **descubierto**	morir › **muerto**	revolver › **revuelto**	volver › **vuelto**

Pretérito indefinido

Verbos regulares

1.ª conjugación -AR CANTAR	2.ª conjugación -ER COMER	3.ª conjugación -IR VIVIR
canté	comí	viví
cantaste	comiste	viviste
cantó	comió	vivió
cantamos	comimos	vivimos
cantasteis	comisteis	vivisteis
cantaron	comieron	vivieron

Verbos con cambios gráficos

- **C › QU**

Buscar	Pescar
bus**qu**é	pes**qu**é
buscaste	pescaste
buscó	pescó
buscamos	pescamos
buscasteis	pescasteis
buscaron	pescaron

- **G › GU**

Jugar	Pegar
ju**gu**é	pe**gu**é
jugaste	pegaste
jugó	pegó
jugamos	pegamos
jugasteis	pegasteis
jugaron	pegaron

- **Z › C**

Comenzar	Empezar
comen**c**é	empe**c**é
comenzaste	empezaste
comenzó	empezó
comenzamos	empezamos
comenzasteis	empezasteis
comenzaron	empezaron

Verbos irregulares

Verbos irregulares en la raíz verbal

Andar	Caber	Estar	Haber	Hacer	Poder
anduve	cupe	estuve	hube	hice	pude
anduviste	cupiste	estuviste	hubiste	hiciste	pudiste
anduvo	cupo	estuvo	hubo	hizo	pudo
anduvimos	cupimos	estuvimos	hubimos	hicimos	pudimos
anduvisteis	cupisteis	estuvisteis	hubisteis	hicisteis	pudisteis
anduvieron	cupieron	estuvieron	hubieron	hicieron	pudieron

Poner	Querer	Saber	Tener	Venir
puse	quise	supe	tuve	vine
pusiste	quisiste	supiste	tuviste	viniste
puso	quiso	supo	tuvo	vino
pusimos	quisimos	supimos	tuvimos	vinimos
pusisteis	quisisteis	supisteis	tuvisteis	vinisteis
pusieron	quisieron	supieron	tuvieron	vinieron

Fíjate:
En este grupo de verbos también cambia el acento habitual del pretérito indefinido:
~~quisé~~ › quise
~~tuvó~~ › tuvo

Los verbos que tienen *j* en la raíz verbal pierden la *i* en la tercera persona del plural:

Conducir	Decir	Traducir	Traer
conduje	dije	traduje	traje
condujiste	dijiste	tradujiste	trajiste
condujo	dijo	tradujo	trajo
condujimos	dijimos	tradujimos	trajimos
condujisteis	dijisteis	tradujisteis	trajisteis
condujeron	dijeron	tradujeron	trajeron

Verbos irregulares en la tercera persona

- **E › I**

Divertirse	Elegir	Impedir	Medir	Mentir	Pedir
me divertí	elegí	impedí	medí	mentí	pedí
te divertiste	elegiste	impediste	mediste	mentiste	pediste
se divirtió	eligió	impidió	midió	mintió	pidió
nos divertimos	elegimos	impedimos	medimos	mentimos	pedimos
os divertisteis	elegisteis	impedisteis	medisteis	mentisteis	pedisteis
se divirtieron	eligieron	impidieron	midieron	mintieron	pidieron

Reír	Repetir	Seguir	Sentir	Servir	Sonreír
reí	repetí	seguí	sentí	serví	sonreí
reíste	repetiste	seguiste	sentiste	serviste	sonreíste
rio	repitió	siguió	sintió	sirvió	sonrió
reímos	repetimos	seguimos	sentimos	servimos	sonreímos
reísteis	repetisteis	seguisteis	sentisteis	servisteis	sonreísteis
rieron	repitieron	siguieron	sintieron	sirvieron	sonrieron

Fíjate:
Todos los verbos de este grupo son de la tercera conjugación *(-ir)*.

- **O > U**

Dormir	Morir
dormí	morí
dormiste	moriste
d**u**rmió	m**u**rió
dormimos	morimos
dormisteis	moristeis
d**u**rmieron	m**u**rieron

Fíjate:
Esta irregularidad solo la tienen los verbos *dormir* y *morir*.

- **I > Y**

Caer	Concluir	Construir	Contribuir	Creer
caí	concluí	construí	contribuí	creí
caíste	concluiste	construiste	contribuiste	creíste
ca**y**ó	conclu**y**ó	constru**y**ó	contribu**y**ó	cre**y**ó
caímos	concluimos	construimos	contribuimos	creímos
caísteis	concluisteis	construisteis	contribuisteis	creísteis
ca**y**eron	conclu**y**eron	constru**y**eron	contribu**y**eron	cre**y**eron

Destruir	Huir	Leer	Oír	Sustituir
destruí	hui	leí	oí	sustituí
destruiste	huiste	leíste	oíste	sustituiste
destru**y**ó	hu**y**ó	le**y**ó	o**y**ó	sustitu**y**ó
destruimos	huimos	leímos	oímos	sustituimos
destruisteis	huisteis	leísteis	oísteis	sustituisteis
destru**y**eron	hu**y**eron	le**y**eron	o**y**eron	sustitu**y**eron

Verbos con irregularidades propias

Dar	Ir/Ser
di	**fui**
diste	**fuiste**
dio	**fue**
dimos	**fuimos**
disteis	**fuisteis**
dieron	**fueron**

Recuerda:
Las formas de los verbos *ir* y *ser* coinciden en pretérito indefinido. Solo se distinguen por el contexto en que aparecen.

Pretérito imperfecto de indicativo

Verbos regulares

1.ª conjugación -AR CANTAR	2.ª conjugación -ER COMER	3.ª conjugación -IR VIVIR
cant**aba**	com**ía**	viv**ía**
cant**abas**	com**ías**	viv**ías**
cant**aba**	com**ía**	viv**ía**
cant**ábamos**	com**íamos**	viv**íamos**
cant**abais**	com**íais**	viv**íais**
cant**aban**	com**ían**	viv**ían**

Verbos irregulares

Ser	Ir	Ver
era	iba	veía
eras	ibas	veías
era	iba	veía
éramos	íbamos	veíamos
erais	ibais	veíais
eran	iban	veían

Futuro simple de indicativo

Verbos regulares

1.ª conjugación -AR CANTAR	2.ª conjugación -ER COMER	3.ª conjugación -IR VIVIR
cantaré	comeré	viviré
cantarás	comerás	vivirás
cantará	comerá	vivirá
cantaremos	comeremos	viviremos
cantaréis	comeréis	viviréis
cantarán	comerán	vivirán

Verbos irregulares

Caber	Decir	Haber	Hacer	Poder	Poner
cabré	diré	habré	haré	podré	pondré
cabrás	dirás	habrás	harás	podrás	pondrás
cabrá	dirá	habrá	hará	podrá	pondrá
cabremos	diremos	habremos	haremos	podremos	pondremos
cabréis	diréis	habréis	haréis	podréis	pondréis
cabrán	dirán	habrán	harán	podrán	pondrán

Querer	Saber	Salir	Tener	Valer	Venir
querré	sabré	saldré	tendré	valdré	vendré
querrás	sabrás	saldrás	tendrás	valdrás	vendrás
querrá	sabrá	saldrá	tendrá	valdrá	vendrá
querremos	sabremos	saldremos	tendremos	valdremos	vendremos
querréis	sabréis	saldréis	tendréis	valdréis	vendréis
querrán	sabrán	saldrán	tendrán	valdrán	vendrán

Presente de subjuntivo

Verbos regulares

1.ª conjugación -AR CANTAR	2.ª conjugación -ER COMER	3.ª conjugación -IR VIVIR
cante	coma	viva
cantes	comas	vivas
cante	coma	viva
cantemos	comamos	vivamos
cantéis	comáis	viváis
canten	coman	vivan

Verbos irregulares

Irregularidades vocálicas

- **E > IE (verbos en -AR y -ER)**

Comenzar	Otros verbos
comience	calentar, cerrar, despertarse, negar, pensar...
comiences	
comience	
comencemos	
comencéis	
comiencen	

Entender	Otros verbos
entienda	encender, perder, querer, tender...
entiendas	
entienda	
entendamos	
entendáis	
entiendan	

- **E > IE + E > I (verbos en -IR)**

Mentir	Otros verbos
mienta	convertir, divertirse, herir, invertir, sentir, sugerir...
mientas	
mienta	
mintamos	
mintáis	
mientan	

- **O > UE (verbos en -AR y -ER)**

Soñar	Poder	Otros verbos
sueñe	pueda	acordarse, acostarse, contar, soler, volver...
sueñes	puedas	
sueñe	pueda	
soñemos	podamos	
soñéis	podáis	
sueñen	puedan	

- **O > UE + O > U**

Dormir	Otros verbos
duerma	morir
duermas	
duerma	
durmamos	
durmáis	
duerman	

- **U > UE**

Jugar
juegue
juegues
juegue
juguemos
juguéis
jueguen

- **E > I**

Pedir	Otros verbos
pida	elegir, reírse, repetir, servir, vestirse...
pidas	
pida	
pidamos	
pidáis	
pidan	

- **I > Y**

Construir	Otros verbos
construya	concluir, contribuir, destruir, huir...
construyas	
construya	
construyamos	
construyáis	
construyan	

Verbos con la primera persona irregular en presente de indicativo

• Verbos en -ZC- *(conduzco, conozco, obedezco, produzco, traduzco)*

Conducir	Conocer	Obedecer	Producir	Traducir
condu**zca**	cono**zca**	obede**zca**	produ**zca**	tradu**zca**
condu**zcas**	cono**zcas**	obede**zcas**	produ**zcas**	tradu**zcas**
condu**zca**	cono**zca**	obede**zca**	produ**zca**	tradu**zca**
condu**zc**amos	cono**zc**amos	obede**zc**amos	produ**zc**amos	tradu**zc**amos
condu**zcáis**	cono**zcáis**	obede**zcáis**	produ**zcáis**	tradu**zcáis**
condu**zcan**	cono**zcan**	obede**zcan**	produ**zcan**	tradu**zcan**

Otros verbos

agradecer, crecer, desaparecer, nacer, ofrecer, parecer, reducir...

• Otros verbos irregulares en la primera persona *(caigo, digo, hago, oigo, pongo, salgo, tengo, traigo, valgo, vengo)*

Caer	Decir	Hacer	Oír	Poner
caiga	**diga**	**haga**	**oiga**	**ponga**
caigas	**digas**	**hagas**	**oigas**	**pongas**
caiga	**diga**	**haga**	**oiga**	**ponga**
caigamos	**digamos**	**hagamos**	**oigamos**	**pongamos**
caigáis	**digáis**	**hagáis**	**oigáis**	**pongáis**
caigan	**digan**	**hagan**	**oigan**	**pongan**

Salir	Tener	Traer	Valer	Venir
salga	**tenga**	**traiga**	**valga**	**venga**
salgas	**tengas**	**traigas**	**valgas**	**vengas**
salga	**tenga**	**traiga**	**valga**	**venga**
salgamos	**tengamos**	**traigamos**	**valgamos**	**vengamos**
salgáis	**tengáis**	**traigáis**	**valgáis**	**vengáis**
salgan	**tengan**	**traigan**	**valgan**	**vengan**

Verbos con irregularidades propias

Haber	Ir	Saber	Ser	Ver
haya	**vaya**	**sepa**	**sea**	**vea**
hayas	**vayas**	**sepas**	**seas**	**veas**
haya	**vaya**	**sepa**	**sea**	**vea**
hayamos	**vayamos**	**sepamos**	**seamos**	**veamos**
hayáis	**vayáis**	**sepáis**	**seáis**	**veáis**
hayan	**vayan**	**sepan**	**sean**	**vean**

Verbos con cambios gráficos

• G > J	• C > Z	• Z > C	• GU > G	• G > GU	• C > QU
Coger	**Convencer**	**Cazar**	**Distinguir**	**Investigar**	**Tocar**
co**j**a	conven**z**a	ca**c**e	distin**g**a	investi**gu**e	to**qu**e
co**j**as	conven**z**as	ca**c**es	distin**g**as	investi**gu**es	to**qu**es
co**j**a	conven**z**a	ca**c**e	distin**g**a	investi**gu**e	to**qu**e
co**j**amos	conven**z**amos	ca**c**emos	distin**g**amos	investi**gu**emos	to**qu**emos
co**j**áis	conven**z**áis	ca**c**éis	distin**g**áis	investi**gu**éis	to**qu**éis
co**j**an	conven**z**an	ca**c**en	distin**g**an	investi**gu**en	to**qu**en

Dar
dé
des
dé
demos
deis
den

Fíjate:
El verbo ***dar*** lleva una tilde diacrítica en la primera y tercera personas del singular para que no se confunda con la preposición ***de***.

Estar
esté
estés
esté
estemos
estéis
estén

Fíjate:
El verbo ***estar*** cambia la sílaba tónica habitual del presente de subjuntivo en todas las personas del singular y la tercera del plural.

Glosario

	En mi lengua
A	
Abrazo, el	
Accidente, el	
Acera, la	
Acogedor/a	
Acordeón, el	
Actualmente	
Acumular	
Aditivo, el	
Afortunado/a	
Agua (mineral), el	
Ahorrar	
Aire, el	
Ajedrez, el	
Ajo, el	
Al cabo de	
Albergue, el	
Aliviado/a	
Almacenar	
Almohadilla, la	
Alojarse	
Ambiental	
Ambiente, el	
Ancestro, el	
Anciano/a, el/la	
Animalista	
Anoche	
Anteayer	
Antiguo/a	
Antivirus, el	
Anunciante, el/la	
Anuncio, el	
Apagar	
Aparato, el	
Aparcar	
Aplicación, la	
Aprobar	
Aprovechar	
Apuntar	
Apuntarse	
Arena, la	
Arroz, el	
Arruga, la	
Asesorar	
Aspecto, el	
Aspiradora, la	
Asustado/a	
Aurora, la	
Avance, el	
B	
Bajar la basura	
Balsa, la	
Banderín, el	
Banderola, la	
Bañador, el	
Bañera, la	
Basílica, la	
Bayeta, la	
Beca, la	
Belleza, la	
Bello/a	
Bicicleta, la	
Biodegradable	
Biografía, la	
Boletín, el	
Bolsa, la	
Bombilla, la	
Bondad, la	
Bongó, el	
Borrar	
Bosque, el	
Botella, la	
Brik, el	
Broma, la	
Bromista	
Buceo, el	
Buscador, el	
Buscar	
¡Buen provecho!	
¡Buen viaje!	
Buzón, el	
C	
Caja, la	
Calcular	
Calefacción, la	
Calidad, la	
Cálido/a	
Callejón, el	
Calma, la	
Calor, el	
Calzado, el	
Cama, la	
Cámara, la	
Campeón/campeona, el/la	
Campeonato, el	
Cancha, la	
Carcajada, la	
Cartel, el	
Cartón, el	
Casarse	
Castañuelas, las	
Castillo, el	
Cebolla, la	
Celebrar	
Certamen, el	
Charla, la	
Chatear	
Chimenea, la	
Chiste, el	
Ciclismo, el	
Ciclo, el	
Ciencia, la	
Cilíndrico/a	
Circuito, el	
Circular	
Citar	
Cobrar	
Cocina, la	
Cocinar	
Compartir	
Completo/a	
Compra, la	
Comprar	
Conceder	
Concentración, la	
Concienciación, la	
Concienciar	
Confeccionar	
Conferencia, la	
Confuso/a	
Conocer	
Consagrado/a	
Conservatorio, el	
Consola, la	
Consumir	

	En mi lengua
Consumo, el	
Contabilidad, la	
Contaminación, la	
Contaminante	
Contaminar	
Contemplar	
Contenedor, el	
Contrargumentar	
Contraseña, la	
Contratar	
Contribuir	
Convivencia, la	
Copa, la	
Copiar	
Corcho, el	
Corridas de toros, las	
Corriente	
Cortar	
Costumbre, la	
Creativo/a	
Creativo/a, el/la	
Cubo, el	
Cuchara, la	
Cuchillo, el	
Cultivar	
Cultura, la	

D

	En mi lengua
Dado, el	
Datos, los	
De repente	
Década, la	
Decorar	
Defecto, el	
Deportivo/a	
Desaparecer	
Desarrollarse	
Descanso, el	
Descargar	
Descomponerse	
Desconectar	
Desconfianza, la	
Desconfiar	
Descubrimiento, el	
Descubrir	
Desechable	
Desechar	
Desecho, el	
Desesperación, la	
Desierto, el	
Desperdicio, el	
Destacar	
Devolución, la	
Dimensión, la	
Dinámico/a	
Discapacidad, personas con	
Disciplina, la	
Disco, el	
Diseñar	
Diseño, el	
Disfrutar	
Dispararse	
Disperso/a	
Dispositivo, el	
Diversión, la	
Divertirse	
Dominar	
Donar	
Dosis, la	
Dueño/a, el/la	
Dulces, los	
Duración, la	
Duro/a	

E

	En mi lengua
Ecología, la	
Ecológico/a	
Echar una mano	
Efecto, el	
Electrónico/a	
Embutido, el	
Emigrar	
Emocionante	
Enamorarse	
Encanto, el	
Encargarse	
Energía, la	
¡Enhorabuena!	
Enlace, el	
Enseguida	
Enterarse	
Entregar	
Envase, el	
Envejecimiento, el	
Envidia, la	
Envío, el	
Época, la	
Equilibrado/a	
Equipaje, el	
Equipo, el	
Equivaler	
Escalada, la	
Escenario, el	
Escultórico/a	
Eslogan, el	
Espacial	
Especie, la	
Espectáculo, el	
Espiritual	
Estancia, la	
Estantería, la	
Estatua, la	
Este, el	
Estrategia, la	
Estrella, la	
Estreno, el	
Estropeado/a	
Estropear	
Etiqueta, la	
Etnia, la	
Excepto	
Excusa, la	
Éxito, el	
Experiencia, la	
Expulsar	
Extremo/a	

F

	En mi lengua
Facturar	
Fantasma, el	
Fantástico/a	
Fascinante	
Federación, la	
Festival, el	
Ficticio/a	
Ficha, la	

	En mi lengua
Finalista, el/la	
Finalizar	
Fiordo, el	
Físico/a	
Frecuencia, la	
Fregar	
Frío, el	
Frío/a	
Frontera, la	
Frontón, el	
Fuerza, la	
Fusión, la	

G

Garantía, la	
Gas, con/sin	
Gastos, los	
Gastronomía, la	
Generar	
Gigante, el/la	
Gigantesco/a	
Gimnasia, la	
Gimnasio, el	
Globo, el	
Goma, la	
Gráfico/a	
Guardar	
Guía de viaje, la	
Guirnalda, la	
Guitarra, la	

H

Habitante, el/la	
Helado, el	
Heredar	
Hielo, con/sin	
Hoja, la	
Huella, la	
Humanidad, la	
Húmedo/a	

I

	En mi lengua
Iglesia, la	
Iglú, el	
Impacto, el	
Impartir	
Imprenta, la	
Imprescindible	
Impresión, la	
Impresora, la	
Imprimir	
Inaugurar	
Indeciso/a	
Indígena (adj.)	
Infancia, la	
Infantil	
Infografía, la	
Infusión, la	
Inmortal	
Inquilino/a, el/la	
Inscribirse	
Inspirar	
Instrumento, el	
Interactuar	
Intercambio, el	
Internauta, el/la	
Intérprete, el/la	
Intervención, la	
Invento, el	
Inventor/a, el/la	
Inversión, la	
Invertir	
Invierno, el	

J

Jabón, el	
Jamás	
Jamón, el	
Jardín, el	
Jeringuilla, la	
Joya, la	

L

	En mi lengua
Lata, la	
Lavabo, el	
Lavadora, la	
Leche, la	
Lechuga, la	
Lento/a	
León/leona, el/la	
Libre	
Licencia, la	
Limpiar	
Limpiar el baño/ la cocina	
Limpio/a	
Llorar	
Llover	
Lluvia, la	
Local (adj.)	
Longevo/a	
Longitud, la	
Lugar, el	
Luna, la	

M

Mando, el	
Mano, tener a	
Manta, la	
Mantener	
Manzana, la	
Mar, el	
Maraca, la	
Maravilla, la	
Marca, la	
Mascota, la	
Matrimonio, el	
Medioambiente, el	
Mediodía, el	
Medir	
Mencionar	
¡Menos mal!	
Mental	
Merienda, la	
Mesilla, la	
Metro, el	
Mientras	
Minoritario/a	
Modalidad, la	
Modernista	
Molestar	
Monasterio, el	
Montón, un	
Moño, el	
Moraleja, la	
Morir	
Motivo, el	
Móvil, el	

	En mi lengua
Multicultural	
Mundial	
Mundo, el	
Muro, el	
¡Muy bien!	

N

	En mi lengua
Nacer	
Naranja, la	
Natural	
Naturaleza, la	
Navegador, el	
Navegar	
Negativo/a	
Negocio, el	
Nevar	
Nevera, la	
Niebla, la	
Nieve, la	
¡No me digas!	
Norte, el	
Nota (de un examen), la	
Notar	
Noticia, la	
Novela, la	
Novio/a, el/la	
Nube, la	
Nublado/a	
Nunca	

O

	En mi lengua
Objetivo, el	
Océano, el	
Ocre	
Oeste, el	
Oferta, la	
Ombligo, el	
Opinión, la	
Orden, la	
Ordenador, el	
Oreja, la	
Orgánico/a	
Organizar	
Origen, el	
Orilla, la	
Otoño, el	

P

	En mi lengua
Pagar	
Página, la	
Página web, la	
Paisaje, el	
Pan, el	
Panorama, el	
Pantalla, la	
Pañal, el	
Papel, el	
Parchís, el	
Pared, la	
Pasar la aspiradora	
Paseo marítimo, el	
Pasillo, el	
Paso, el	
Pasta, la	
Pastel, el	
Pegar (un documento)	
Pelota, la	
Percusión, la	
Periodo, el	
Permiso, el	
Personaje, el	
Pesadilla, la	
Pesquero/a	
Pingüino, el	
Piñata, la	
Piscina, la	
Planeta, el	
Planta, la	
Plátano, el	
Plato, el	
Playa, la	
Política, la	
Polución, la	
Poncho, el	
Poner en marcha	
Poner mala cara	
Portada, la	
Portátil, el	
Potencial	
Practicar	
Premio, el	
Prenda, la	
Primavera, la	
Privacidad, la	
Producir	
Producto, el	
Programa, el	
Prohibir	
Promocionar	
Propuesta, la	
Protagonista, el/la	
Proteger	
Proyectar	
Público, el	
Puerta, la	
Puntualizar	

Q

	En mi lengua
¡Qué alivio!	
¡Que aproveche!	
¡Qué me dices!	
Quejarse	
Queso, el	
Quitar el polvo	
Quizá(s)	

R

	En mi lengua
Raro/a	
Raza, la	
Realizar	
Reciclable	
Reciclado/a	
Reciclaje, el	
Reciclar	
Recomendar	
Recuerdo, el	
Recuperar	
Red social, la	
Reembolso, el	
Refrescante	
Refresco, el	
Refugio, el	
Regalar	
Regalo, el	
Registrarse	

	En mi lengua
Renovable	
Reparar	
Reputación, la	
Reservar	
Residuo, el	
Resistencia, la	
Respiración, la	
Reutilizar	
Rincón, el	
Ritmo, el	
Robar	
Roca, la	
Rogar	
Rondador, el	
Ropa de cama, la	
Rostro, el	
Rural	

S

Sábana, la	
Safari, el	
Sagrado/a	
Salón, el	
Salud, la	
Saludable	
Sano/a	
Satisfecho/a	
Sauna, la	
Sección, la	
Seco/a	
Seguidor/a, el/la	
Separar	
Serie, la	
Servicio, el	
Servilleta, la	
Sierra, la (ref. a la montaña)	
Siesta, la	
Sigla, la	
Siglo, el	
Síntesis, la	
Sitio web, el	
Social	
Sociedad, la	
Socio/a, el/la	
Sofá, el	
Sol, el	
Solidaridad, la	
Solidario/a	
Solitario/a	
Solo/a	
Sombrero, el	
Son, el	
Sonreír	
Sorprender	
Sostener	
Sostenible	
Suave	
Subir (a la red)	
Suceso, el	
Sucio/a	
Suelo, el	
¡(Buena/Mucha) Suerte!	
Suplicar	
Sur, el	
Surgir	

T

Tablero, el	
Tapas, las	
Tapón, el	
Taza (del váter), la	
Teclado, el	
Techo, el	
Tejido, el	
Temperatura, la	
Templado/a	
Tenedor, el	
Tener en cuenta	
Tener (muchas) ganas de	
Teñirse	
Terrestre	
Terror, el	
Tierra, la	
Tirar	
Titular, el	
Toalla, la	
Tocar	
Tolerante	
Tomar la palabra	
Tomar nota	
Tomate, el	
Tonelada, la	
Tono, el (ref. al color)	
Tormenta, la	
Tóxico/a	
Tranquilidad, la	
Tranquilo/a	
Tremendamente	
Tribu, la	
Trompeta, la	
Trozo, el	
Tuit, el	

U

Urbano/a	
Uso, el	
Usuario/a, el/la	

V

Vanguardismo, el	
Vaso, el	
¡Vaya, hombre!	
Vecino/a, el/la	
Vegetariano/a	
Veraniego/a	
Verano, el	
Verdura, la	
Videojuego, el	
Vidrio, el	
Viento, el	
Visión, la	
Visita, la	
Visitar	
Voluntariado, el	
Votar	

Y

Yoga, el	
Yogur, el	

Z

Zanahoria, la	
Zumo, el	
Zurdo/a	

Créditos fotográficos

UNIDAD 1: ¡Qué divertido!

Pág. 2: Concierto: A_Lesik, Shutterstock.com. **Pág. 6:** Paseo con perro: Lazarin Hristov, Shutterstock.com. **Pág. 11:** *Rafting*: novak.elcic, Shutterstock.com; Montaña rusa: ChameleonsEye, Shutterstock.com. **Pág. 12:** Mujeres corriendo: MariaSW, Shutterstock.com. **Pág. 13:** Frontón: imagestockdesign, Shutterstock.com. **Pág. 14:** Museo Frida Kahlo: Kamira, Shutterstock.com. **Pág. 18:** Museo: Popova Valeriya, Shutterstock.com.

UNIDAD 2: Estamos de fiesta

Pág. 27: Volkswagen Morado: Jarretera, Shutterstock.com; Coches de colores en La Habana: akturer, Shutterstock.com. **Pág. 37:** Móviles: Cineberg, Shutterstock.com.

UNIDAD 3: Viajes con encanto

Pág. 39: Alhambra: Alarax, Shutterstock.com. **Pág. 41:** Museo de Historia Natural, Londres: Tupungato, Shutterstock.com. **Pág. 42:** Guía de Frankfurt: anurakss, Shutterstock.com; **Pág. 43:** Barco: Leonard Zhukovsky, Shutterstock.com. **Pág. 46:** Casas Colgadas: Igor Plotnikov, Shutterstock.com. **Pág. 47:** Plaza de Bolívar, Bogotá, Colombia: Jess Kraft, Shutterstock.com; Músicos callejeros, Cuba: danm12, Shutterstock.com. **Pág. 48:** Casa Batlló: nito, Shutterstock.com. **Pág. 54**: Guía de California: padu_foto, Shutterstock.com.

UNIDAD 4: Hemos conectado

Pág. 56: Sala de exposiciones: Adriano Castelli, Shutterstock.com. **Pág. 59:** Estocolmo: Suratwadee Rattanajarupak, Shutterstock.com. **Pág. 64:** *Puenting*: Svetlana Lazarenka, Shutterstock.com; Safari: SamanWeeratunga, Shutterstock.com.

UNIDAD 5: Vivencias

Pág. 75: Teatro-Museo Dalí: Karol Kozlowski, Shutterstock.com; Cocotaxis de La Habana: simonovstas, Shutterstock.com; Músicos en La Habana: Gil. K, Shutterstock.com. **Pág. 76:** Chavela Vargas: miguelca, Shutterstock.com; Retrato de Dalí: De Carl van Vechten - Van Vechten Collection at Library of Congress, dominio público, https://commons.wikimedia.org/w/index.php?curid=1316978; Sala Mae West, Teatro-Museo Dalí: Photo_Traveller, Shutterstock.com. **Pág. 82:** Detalle de la casa de Dalí: monysasu, Shutterstock.com. **Pág. 83:** Teatro-Museo Dalí: Denis Babenko, Shutterstock.com; Dalí y Man Ray en 1934: De Carl van Vechten - Van Vechten Collection at Library of Congress, dominio público, https://commons.wikimedia.org/w/index.php?curid=560540; Retrato de Salvador Dalí hecho por García Lorca: De Federico García Lorca - https://sancheztaffurarquitecto.wordpress.com/2014/02/11/resena-federico-garcia-lorca-recopilacion-6-dibujos/garcia-lorca-retrato-de-salvador-dali-1927/, dominio público, https://commons.wikimedia.org/w/index.php?curid=54673482; Dalí en la década de 1960: De Roger Higgins, World Telegram staff photographer - Esta imagen está disponible en la División de Impresiones y Fotografías de la Biblioteca del Congreso de los Estados Unidos, dominio público, https://commons.wikimedia.org/w/index.php?curid=1304063; Atomicus Dalí: De Halsman, Philippe, photographer - Esta imagen está disponible en la División de Impresiones y Fotografías de la Biblioteca del Congreso de los Estados Unidos, dominio público, https://commons.wikimedia.org/w/index.php?curid=4530370. **Pág. 86:** La Bodeguita del Medio: Adwo, Shutterstock.com; Calle de La Habana: Maurizio De Mattei, Shutterstock.com; Bailando salsa en La Habana: Lesinka372, Shutterstock.com; Turistas en La Bodeguita del Medio: Salvador Aznar, Shutterstock.com. **Pág. 87:** Habana Vieja: Kamira, Shutterstock.com; Cocotaxi: Rostislav Ageev, Shutterstock.com; Paladar: Lesinka372, Shutterstock.com.

UNIDAD 6: ¿Cómo era antes?

Pág. 96: Boda real: Hans Christiansson, Shutterstock.com; Carrera: Stefan Holm, Shutterstock.com. **Pág. 101:** Gomoboy: v74, Shutterstock.com. **Pág. 103:** Sony PlayStation 4 Slim: Artem Zarubin, Shutterstock.com. **Pág. 105:** Sagrada Familia: Mapics, Shutterstock.com; Museo Guggenheim: Matyas Rehak, Shutterstock.com; Ciudad de las Artes y las Ciencias: FCG, Shutterstock.com. **Pág. 108:** IPod 80 GB: Cesare Andrea Ferrari, Shutterstock.com.

UNIDAD 7: Dentro de 50 años

Pág. 111: Julia Roberts: Joe Seer, Shutterstock.com. **Pág. 112:** Bicicletas recicladas: por cortesía de http://supercheria.es/blog/reciclaje-upcycling/. **Pág. 115:** Mercadillo: Paul McKinnon, Shutterstock.com. **Pág. 122:** Kursaal: Alberto Loyo, Shutterstock.com; Anahí Berneri: Jorge Fuembuena, por cortesía del Festival de San Sebastián. **Pág. 123:** Foto premiados 65.ª edición: Montse Castillo, por cortesía del Festival de San Sebastián; Penélope Cruz y Javier Bardem: Pablo Gómez, por cortesía del Festival de San Sebastián; El Kursaal en cifras: Ulises Proust, por cortesía del Festival de San Sebastián.

UNIDAD 8: En línea

Pág. 128: TV vintage: Paolo Bona, Shutterstock.com. **Pág. 130:** Paneles publicitarios: Lissandra Melo, Shutterstock.com; Móvil Instagram: PixieMe, Shutterstock.com. **Pág. 138:** Amazon: Sundry Photography, Shutterstock.com; eBay: StockStudio, Shutterstock.com; Zalando: Ulf Wittrock, Shutterstock.com. **Pág. 140:** Televisores antiguos: Take Photo, Shutterstock.com; Cartel original de la Copa Mundial de Fútbol 82: https://www.pinterest.es/pin/340866265541140423/; Danone: Casimiro PT, Shutterstock.com; Simca 1000: Sibuet Benjamin, Shutterstock.com; Logo ColaCao: ColaCao (Idilia Foods) - https://www.colacao.es/, dominio público, https://upload.wikimedia.org/wikipedia/commons/f/f1/Cola_Cao_Logo.png. **Pág. 141:** Bolígrafos Bic: Vangelis_Vassalakis, Shutterstock.com; Logo de Nocilla: Marca Nocilla - http://www.brandemia.org/nocilla-redisena-su-logo-y-su-envase-en-una-vuelta-a-sus-origenes/, dominio público, https://upload.wikimedia.org/wikipedia/commons/1/16/Logo_de_Nocilla.jpg; Tapón de la Casera: Pepe Martorell - Trabajo propio, CC BY-SA 4.0, https://commons.wikimedia.org/w/index.php?curid=10380334; Modelo de Adolfo Domínguez: catwalker, Shutterstock.com. **Pág. 142:** Logos redes sociales: solomon7, Shutterstock.com.

UNIDAD 9: Compartir espacios

Pág. 158: Gloria Estefan: s_bukley, Shutterstock.com. **Pág. 159:** Juan Luis Guerra: Miguel Campos, Shutterstock.com; Chavela Vargas: Miguel Campos, Shutterstock.com; Julieta Venegas: Kathy Hutchins, Shutterstock.com; Marc Anthony: Everett Collection, Shutterstock.com; Ricky Martin: Everett Collection, Shutterstock.com; Shakira: DFree, Shutterstock.com.

UNIDAD 10: Rebobinamos

Pág. 168: Teléfono móvil: Wachiwit, Shutterstock.com. **Pág. 173:** España: FCG, Shutterstock.com. **Pág. 177:** Mariachis: Kobby Dagan, Shutterstock.com; Gloria Estefan: Jaguar PS, Shutterstock.com.